Unchanged reprint of the original edition
With kind permission of the
Municipal Museum of The Hague

Amsterdam
Antiqua
1965

TRAITÉ
DE LA VIOLE,
QUI CONTIENT

Une Dissertation curieuse sur son origine.

Une Démonstration generale de son Manche en quatre Figures, avec leurs explications.

L'explication de ses Jeux differents, & particulierement des Pieces par accords, & de l'accompagnement à fond.

Des Regles certaines, pour connoître tous les agrémens qui se peuvent pratiquer sur cét instrument dans toutes sortes de Pieces de Musique.

La veritable maniere de gouverner l'Archet, & des Moyens faciles pour transposer sur toutes sortes de Tons.

Par IEAN ROVSSEAV, Maître de Musique & de Viole.

Demeurant ruë des Boucheries, proche le Petit Marché, devant la Barriere, au Soleil d'Or, chez un Bonnetier, Faux-bourg Saint Germain.

A PARIS,

Par CHRISTOPHE BALLARD, seul Imprimeur du Roy pour la Musique.

M. DC. LXXXVII.
Avec Privilege de Sa Majesté.

A MONSIEUR
DE
SAINTE COLOMBE.

ONSIEVR,

 Si les Obligations que nous avons à Monsieur Lambert, de la perfection du Chant qui est en usage en France, m'ont fait un devoir indispensable de luy dédier ma Méthode pour la Musique, qui en contient les fondemens : Cette mesme raison, MON-

EPITRE.

SIEVR, m'engage aujourd'huy à vous faire un hommage de ce Traité de la Viole que je mets au jour, comme à celuy de qui cét Instrument tient toute sa perfection : Car chacun sçait que c'est à la faveur de vos instructions, mais particulierement de ce beau Port de main que vous nous avez enseigné, que la Viole surpasse avec avantage tous les autres Instrumens, parce qu'elle a reçeû par ce moyen, celuy d'imiter parfaitement les plus beaux traits, & toute la délicatesse du Chant. Tous les Maîtres de l'Art, qui suivent fidellement les traces que vous nous avez si heureusement marquées, reconnoissent combien nous vous en sommes obligez. Pour moy, MONSIEVR, je me tiens tres-heureux de trouver l'occasion de vous en donner ce témoignage de ma reconnoissance particuliere ; comme aussi des avantages que j'ay eu d'apprendre de vous tout ce que je peux produire pour l'Instrument dont je traite : Ainsi vous devez considerer cét Ouvrage,

EPITRE.

comme un ruisseau qui retourne à sa source. Daignez, MONSIEVR, le recevoir favorablement; & puis que vous ne l'avez pas trouvé indigne de vostre approbation, ne luy refusez-pas la protection qu'il vous demande, en faveur de celuy qui sera toute sa vie, avec un grand respect & une forte passion,

MONSIEVR,

Vostre tres-humble & tres-obeïssant Serviteur,
J. ROUSSEAU.

AVANT PROPOS.

On dessein, dans cét Ouvrage, n'est pas de faire voir des Abus dans le Jeu de la Viole, ny de donner des Regles aux Maîtres de cét Instrument : Car, d'un côté, on auroit lieu de me reprocher de vouloir combatre une chimere ; & de l'autre, ce seroit avec justice, qu'on me condamneroit de temerité : Mais bien-loin d'avoir cette pensée, ma seule veuë est de faire connoître la perfection du Jeu de l'Instrument dont je traite, & en mesme-temps de faire l'éloge des Maîtres, tant de celuy à qui nous devons cette perfection, que de ceux qui la soûtiennent par leurs productions agreables & sçavantes, & par la beauté & la tendresse de leur execution : C'est pourquoy, on doit seulement considerer les Regles qui sont contenuës en ce Livre, comme une instruction pour les Ecoliers, je veux dire pour ceux qui veulent connoître à fond tout ce qui regarde le Jeu de la Viole, & qui veulent l'ap-

AVANT PROPOS.

prendre par évidence & par raison. Cependant je ne promets pas que ce Traité soit si clair & si intelligible, que l'on puisse acquerir l'Art de joüer de cét Instrument sans le secours d'aucun Maître ; si j'avois cette presomption, je devrois m'attendre que l'on ajoûteroit ces trois mots au Titre de mon Ouvrage, *Nascetur ridiculus mus* ; ou au moins que l'on diroit que cette promesse ne tendroit qu'à favoriser le debit du Livre ; ce qui seroit un motif trop mercenaire & trop interessé : Mais, au-contraire, je soûtiens qu'il est impossible que l'on puisse apprendre à joüer regulierement d'un Instrument sans le secours d'un Maître, & mesme on connoîtra par cét Ouvrage la necessité qu'il y a de recourir à ceux qui enseignent, afin d'apprendre l'exécution & la pratique des Regles dont je donne la simple Theorie.

Je commence ce Traité par une dissertation sur l'origine de la Viole, par laquelle je fais voir son antiquité, ses progrés, & les Maîtres qui ont excellé en cét Instrument, & je divise le corps de l'Ouvrage en quatre parties. La premiere contient la maniere de placer la Viole, porter la main, tenir & conduire l'Archet, d'accorder la Viole, & quatre Figures pour la connoissance generale du Manche, avec leurs explications, tant pour les Tons les plus transposez,

AVANT PROPOS.

que pour les naturels. La seconde Partie contient l'explication des cinq differents Jeux de la Viole, & de leurs carracteres, où l'on connoîtra ce qu'il faut sçavoir, & ce qu'il faut pratiquer pour s'en acquiter regulierement. La troisiéme contient des Regles certaines pour connoître les principaux agrémens que l'on pratique ordinairement sur la Viole par raport au Chant; & par les mesmes Regles, on connoîtra où il faut faire ces agrémens, & quand il les faut faire. La quatriéme & derniere Partie enseigne les Regles si importantes du coup d'Archet, d'où l'on peut dire que le Jeu de la Viole dépend absolument, pour l'exécution juste & facile de tout ce que l'on peut joüer sur cét Instrument, à quoy j'ajoûte des Moyens pour transposer toutes sortes de Pieces de Musique à l'ouverture du Livre, & des modelles pour en faciliter la pratique.

Je ne doute point que la nouveauté de mes Regles, pour la pratique des Agrémens & du coup d'Archet, ne trouve d'abord de la contradiction, comme il arrive ordinairement à toutes les choses nouvelles que l'on produit dans un Art, mais je suis asseuré que ceux qui les examineront sans préocupation, & que ceux qui les metront en pratique les trouveront établies avec tant de solidité, que si ils ne les trouvent pas in-

AVANT PROPOS.

faillibles, ils avoüeront au moins qu'elles sont si generales qu'elles souffrent peu d'exception : Et au regard de ceux qui les contrediront ou qui en feront mépris, s'ils n'approuvent pas mon Ouvrage, ils ne doivent pas se deffendre d'en approuver le dessein, puis que je n'ay point eu d'autre veuë dans mon travail, que l'avancement des Ecoliers & le soulagement des Maîtres.

REMARQUES.

J'avertis le Lecteur que, si je dis mes sentimens avec liberté dans cét Ouvrage, contre un Avertissement qui a esté donné au public depuis quelque temps, & dont je combats la pluspart des principes ; mon dessein n'est pas de faire insulte à personne, mais seulement de défendre les Regles que je donne dans ce Traité, & faire connoître que l'Autheur dudit Avertissement n'a pas eu raison d'imputer des Abus au Ieu de la Viole, puis que je fais voir qu'elle est depuis plusieurs années dans sa plus grande perfection.

J'avertis encore le Lecteur que la pratique des Regles que je donne en ce Traité, suppose que l'on sçait la Musique.

TABLE
DES MATIERES DE CE TRAITE'.

issertation sur l'origine de la Viole, pag. 1.
Les Maistres qui ont excellé sur cét Instrument, & ceux qui excellent à present, 23.

Premiere Partie.

La maniere de placer la Viole, 27.
La maniere de porter la main, 29.
La maniere de tenir & conduire l'Archet, 32.
La maniere d'accorder la Viole, 35.
Des Cordes & de l'Archet, 38.
Explication du Manche de la Viole, 40.
Explication du Manche Diatonique, 41.
Explication du Manche Harmonique, 45.
Explication du Manche Chromatique, 47.
Explication du Manche pour la Tablature, 53.

Seconde Partie.

Explication des differents Ieux de la Viole, & de leurs Carracteres, 55.
Des Tenuës. Ibid.

TABLE

Du Ieu de Mélodie   56.
Du Ieu d'Harmonie,   59.
Du Ieu de s'accompagner,   65.
Du Ieu de l'accompagnement,   66.
Du Ieu que l'on appelle travailler sur un sujet,   70.
Du jeu du dessus de Viole, & de son Carractere,   71.

Troisiéme Partie.

Des Agrémens,   74.
De la Cadence,   76.
Quand il faut pratiquer la Cadence avec appuy,   77.
Regles pour l'appuy & le tremblement de la Cadence,   79.
Regles pour pratiquer la Cadence sans appuy,   83.
Regles pour la pratique du Port de voix,   85.
Regles pour la pratique du Martellement,   87.
Regles pour la pratique de l'aspiration,   90.
Regles pour la pratique de la cheute,   93.
Regles pour la pratique de la double Cadence,   97.
Du batement, de la langueur & de la plainte,   100.
Regles pour la pratique de l'unisson,   102.
De la Tenuë & de la Liaison,   103.
Les Proprietez des Agrémens,   104.

Quatriéme Partie.

Regles pour le coup d'Archet,   107.
De la Transposition,   116.
Modelle de Transpositions d'un degré plus haut & d'un degré plus bas,   120.

TABLE DES MATIERES.

Modelle de Transpositions d'une Tierce plus haut & d'une Tierce plus bas, 130.

Modelle de Transpositions d'une Quarte plus haut & d'une Quarte plus bas, 141.

F I N.

Extrait du Privilege du Roy.

Par grace & Privilege du Roy, il est permis à JEAN ROUSSEAU, Maistre de Musique & de Viole, de faire imprimer, vendre & debiter un Livre, intitulé, *Traité de la Viole*, qui contient une Dissertation curieuse sur son origine; une Démonstration generale de son Manche en quatre Figures, avec leurs explications. L'Explication de ses Ieux differents, & particulierement des Pieces par accords, & de l'accompagnement à fond. Des Regles certaines, pour connoître tous les Agrémens qui se peuvent pratiquer sur cét Instrument dans toutes sortes de Pieces de Musique; La veritable maniere de gouverner l'Archet, & des Moyens faciles pour transposer sur toutes sortes de Tons. Et défenses sont faites à toutes personnes, de quelque qualité ou condition qu'elles soient, d'imprimer, faire imprimer, vendre & distribuer ledit Livre, sous prétexte d'augmentation, correction, changement de titre, fausse marque, ou autrement, en quelque sorte & maniere que ce soit, ny mesme d'en faire des Extraits en Abregez, & à tous Marchands étrangers d'en apporter ny distribuer en ce Royaume, à peine de trois mil livres d'amende, de confiscation des Exemplaires contrefaits, & de tous dépens, dommages & interests, nonobstant toutes oppositions ou appellations quelconques; & ce durant le temps de dix années consecutives, à compter du jour qu'il sera achevé d'imprimer pour la premiere fois; Sa Majesté voulant, qu'en mettant au commencement ou à la fin dudit Livre une Copie ou Extrait des Presentes, elles soient tenuës pour bien & deuëment signifiées, & que foy y soit ajoûtée, & aux Copies collationnées, par l'un de nos Amez & Feaux Conseillers & Secretaires, comme à l'Original; Nonobstant Clameur de Haro, Chartre Normande, prise à partie, & Lettres à ce contraires. DONNE' à Versailles, le vingt-neuviéme jour d'Aoust, l'An de Grace mil six cens quatre-vingt-sept. Signé, Par le Roy en son Conseil, BERTIN; Et scellé du grand Sceau de Cire jaune.

Regiſtré ſur le Livre de la Communauté des Imprimeurs & Libraires de Paris, le troiſiéme Octobre 1687. ſuivant l'Arreſt de la Cour de Parlement, du huit Avril 1653.

Signé, J. B. COIGNARD, *Syndic.*

Achevé d'imprimer pour la premiere fois, le 21. Octobre 1687.

Les Exemplaires portez en l'Original ont eſté fournis.

Fautes qu'il faut corriger.

Page 2. ligne 6. conservez, mettez conservé. Page 15. ligne 3. de les toucher, mettez de la toucher. Page 19. ligne 13. estoient, mettez estoit. Page 18. ligne 15. communiquez, mettez communiqué. Page 21. ligne 9. le dessus, mettez de dessus. Page 22. ligne 4. montez, mettez monté. Page 84. ligne 2. de l'exemple de Musique. D. E. F. G. mettez E. D. G. F. Page 88. ligne 18. d'un temps, mettez d'un temps F. Page 120. au commencement de la dernier ligne. plus bas, mettez plus haut. Page 121. a la fin de la premiere ligne. plus haut, mettez plus bas. Page 123. a la fin de la sixiéme ligne. plus haut, mettez plus bas.

DISSERTATION SUR L'ORIGINE DE LA VIOLE.

Quoyque la Viole nous paroisse un Instrument des plus nouveaux, parce qu'il y a peu de temps qu'elle est estimée en France, & que le Luth, la Guitarre, & plusieurs autres Instruments nous semblent beaucoup plus anciens; cependant si l'on examine tout ce que les anciens Autheurs nous raportent des Instruments des premiers temps, de leurs figures, & de la maniere d'en joüer, on trouvera que la Viole est un des plus anciens.

Je prouve d'abord son Antiquité par un raisonnement, & je dis que l'objet des recherches & des inventions des premiers hommes a esté d'imiter la nature, comme on le fait encore aujourd'huy, & l'on peut dire que ce penchant a esté une suite de l'ambitieuse credulité de nos premiers Parens, à qui le Serpent ayant promis, que si-tôt qu'ils auroient mangé du fruit deffendu ils deviendroient semblables à Dieu, s'imaginerent qu'ils pouroient creér des mondes, & faire tout ce que Dieu faisoit, mais ils se virent trompez, & cependant quoy que décheus de leurs vaines esperances ils ont conservéz un penchant dont leurs enfans ont herité; ce qui fait que ne pouvant rien faire d'eux-mesmes, ils tâchent au moins d'imiter le naturel des choses creées.

Sur ce principe je dis que les premiers hommes s'estant attachez à imiter la Voix humaine par l'artifice de plusieurs Instruments faits de differentes manieres, cherchoient sans doute celuy qui l'imiteroit mieux, & comme on ne peut contester que jamais Instrument n'en a aproché de plus prés que la Viole, qui ne differe seulement de la Voix humaine qu'en ce qu'elle n'articule pas les paroles, il faut aussi avoüer qu'elle estoit dés le commencement du monde l'objet de la recherche des hommes.

Si nous commençons par nostre premier Pere aprés sa creation, nous trouverons qu'ayant esté doüé des plus belles lumieres de l'esprit & de l'adresse du corps la plus parfaite, il possedoit toutes les Sciences & tous les Arts dans leur perfection, & consequemment la Musique, & la maniere de faire les Instruments les plus parfaits, & d'en joüer parfaitement : Et comme la Viole est le plus parfait de tous, parce qu'elle approche plus prés du naturel qu'aucun autre, on peut juger que si Adam avoit voulu faire un Instrument, il auroit fait une Viole, & s'il n'en a pas fait, il est facile d'en donner les raisons.

Premierement nous sçavons que le premier homme fût créé dans le Paradis terrestre, qui estoit un lieu si charmant & si remply de delices, que toutes les inventions des Sciences & des Arts en auroient plustost diminüé les charmes que de les augmenter, ainsi il ne faut pas demander pourquoy Adam n'y a point fait d'Instrument.

En second lieu aprés avoir esté chassé du Paradis terrestre, il en pouvoit faire, à la verité; mais pouvoit-il le vouloir dans la douleur qu'il conçeut du malheur où son peché l'avoit reduit. L'image de ce beau lieu qu'il avoit toûjours present à son esprit, ne luy permettoit pas de rechercher d'autres plaisirs : De plus l'intemperie de l'air qui luy faisoit sentir la rigueur des Saisons; & la sterilité de la terre qui ne luy presentoit plus que des Ronces & des Chardons, luy donnoient trop de soin pour songer à son divertissement, pendant qu'il avoit besoin de pourvoir aux necessitez dont son crime l'avoit rendu l'esclave. Ainsi les soûpirs & les sanglots que luy causa la perte qu'il avoit faite, fût la Musique

& les instruments avec lesquels il passa & finit sa vie; & il n'eût point d'autre Chanson à dire que celle d'un de ses descendans. *Cythara mea versa est in luctum, & Organum meum in Vocem flentium.*

Les enfans d'Adam qui n'avoient pas joüy des charmes du Paradis terrestre, & qui ayant esté conceus dans le peché, estoient nez & avoient esté élevez dans la peine, commencerent à chercher les moyens de l'adoucir par quelque divertissement; mais comme ils estoient aussi nez dans l'ignorance que cause le peché originel dans tous les hommes, ils ne découvrirent les Instruments que par succession de temps.

Selon la plus commune opinion, le Chalumeau fût le premier des Instruments que les hommes inventerent, & cette opinion est fondée sur la raison; car, comme dit fort bien le Pere KIRCHER Jesuite dans sa Musurgie Universelle, les premiers hommes dans le commencement du monde menoient une vie champestre, & n'avoient point d'autre occupation la pluspart du temps qu'à garder leurs troupeaux; ce qui les obligeoit à chercher les bons pasturages, & les lieux marescageux où croissent les Joncs, les Roseaux, & autres especes de Plantes propres à faire des Chalumeaux, & comme la vie pastorale & champestre est une vie oysive, il est à croire que les premiers hommes pour se desennuyer tâchoient d'inventer tout ce qui estoit capable de les divertir.

Le sentiment du mesme Autheur est que les Instruments que l'on appelle Pulsatiles, à cause qu'on se sert d'un Plectre ou Archet pour en tirer le Son, ont esté inventez dans le mesme temps par le moyen des Sons differents que rendoient les corps vuides lors qu'on les agitoit, & particulierement lors que les premiers hommes s'adonnerent au mestier des Forgerons ; ce que plusieurs tiennent estre l'origine de la distinction des Sons.

L'Ecriture Sainte dans le Quatriéme Chapitre de la Genese nous fournit une authorité, en faveur des opinions cy-dessus, lors qu'elle nous asseure que JUBAL fût le pere de ceux qui joüoient des Instruments : Voicy ses termes. *Et nomen fratris ejus Iubal, ipse fuit pater canentium Cythara & Organo ;* car il est certain que par le mot *Organo*, il entend une espece de Flûte, mais pour *Cythara*, on ne peut pas dire precisement quel Instrument il pouvoit estre, mais seulement qu'on en joüoit avec un Plectre ou Archet, suivant la traduction des 70 Interpretes, qui porte. *Ipse fuit pater pulsantium Cytharam.* Tout ce que je puis dire icy en faveur de la Viole est que la pluspart des Autheurs nous l'ont marqué sous ce terme de *Cythara*, comme nous verrons dans la suite,

& qu'il est probable que si ce n'estoit pas une Viole parfaite, comme il y a de l'apparence, elle en estoit au moins les premiers fondemens, que la suite des Siecles a perfectionné : Et quoy qu'il semble que le Deluge universel en ayt deû ensevelir la memoire dans ses eaux, il suffit que quatre hommes, leurs femmes, & leurs enfans en ayent esté preservez, pour presumer qu'aprés le Deluge le souvenir des Instruments qui avoient esté beaucoup en usage, puis que selon l'Ecriture, les hommes ne cherchoient que leurs plaisirs, ce souvenir, dis-je, ne permit pas qu'ils fussent long-temps sans en faire & en joüer.

Aprés le Deluge les Egyptiens furent les premiers qui s'adonnerent à la Musique & aux Instruments, & le Pere Kircher asseure que ce fût Cham fils de Noé, & son fils Mesraim, qui leur en donnerent l'intelligence, & il est probable que cette intelligence tiroit son origine de ce qu'ils avoient veu pratiquer avant le Deluge; mais comme ces raisons ne nous font pas connoistre précisément que les Instruments des Egyptiens fussent des Violes, il faut voir les Autheurs qui ont traité des Instruments des premiers Hebreux, de leurs figures, & de la maniere de les toucher, pour connoistre au vray l'antiquité de la Viole.

Un des plus anciens Ecrivains des Commentaires des Rabins & des Talmuds est Schilte Haggiborim Autheur Hebreu, & tres-exact dans ses écrits, rapporté par le Pere Kircher. Il dit que les Instruments du Sanctuaire estoient faits de diverses manieres, & qu'ils estoient au nombre de trente-six, & que ce fût David qui trouva les Jeux propres de tous ces Instruments, entre lesquels le mesme Autheur dit qu'il y avoit des Instruments Pulsatiles, que l'on appelloit *Neghinoth*; ils estoient faits de bois, leur figure estoit longue & ronde, & il y avoit plusieurs trous par-dessous. Ils estoient tendus de trois chordes faites de boyaux d'animaux, & quand ils en vouloient joüer, ils tiroient le Son des chordes avec un Archet lié de crin de queuë de Cheval fort bandé. Voicy le passage comme il est rapporté par le Pere Kircher. *Neghinoth, fuerunt Instrumenta lignea, longa & rotunda, & subtus ea multa foramina; tribus fidibus constabant ex intestinis animalium, & cum vellent sonare ea, radebant fides cum Arcu compacto ex pilis caudæ equinæ fortiter astrictis.*

Entre ces Instruments Pulsatiles le mesme Autheur en nomme deux, sçavoir *Machul* & *Minnim*, qui estoient faits à peu prés comme des Violes, suivant le sentiment du Pere Kircher, & la figure qu'il nous en donne; mais il nous en démontre un particulierement qu'il nomme

Haghniugab, que le Pere Kircher asseure avoir esté tout semblable à l'Instrument que l'on appelle ordinairement *Viola Gamba*, Viole de Jambe, & cét Instrument avoit six chordes.

Baptiste Folengius sur le Pseaume 33. dit positivement que l'Instrument que l'on nommoit *Nablum* ou *Psalterium* parmy les premiers Hebreux estoit ce que nous appellons presentement Viole, & qu'il estoit estimé le plus noble de tous les Instruments; parce que quand les soixante & dix Symphonistes qui joüoient de la Trompette, des Orgues, des Tymbales, de la Lyre & autres Instruments estoient assemblez pour faire leur Concert, le Roy seul joüoit de celuy-cy. *Rex solus Psalterio regio canebat.*

On peut objecter à cette authorité que l'on a veu des Psalterions dont la figure & le jeu estoient fort éloignez de la figure & du jeu de la Viole, & qu'ainsi l'Autheur s'est trompé: mais on répond qu'il ne faut pas s'arrester aux termes des anciens, parce qu'ils estoient presque tous generiques pour les Instruments, comme nous verrons cy-aprés; outre que le temps qui voit changer toutes choses en a veu nommer en de certains temps sous de certains termes, qui en d'autres temps estoient nommez autrement. La preuve de çecy est dans Athene'e, qui rapporte qu'Euphorion dans son Livre *de Isthmiis* écrit qu'il y avoit un ancien Instrument que l'on nommoit *Magadin*, que cét Instrument estoit tout entouré de chordes, qu'on le mettoit sur un pivot pour le tourner à mesure qu'on le touchoit avec l'Archet, & que dans la suite des temps on ne connoissoit plus ce mesme Instrument que sous le terme de *Sambuca*. Ainsi il ne faut pas condamner FOLENGIUS, qui asseure que le *Nablum* ou *Psalterium* des Hebreux estoit ce que nous appellons presentement Viole.

On peut faire encore une seconde objection, disant que S. Augustin, S. Jerôme & S. Isidore asseurent que l'on touchoit le *Psalterium* par la Partie Superieure, au lieu que l'on touche la Viole par la Partie Inferieure ; mais si on ne met que cette difference entre le *Psalterium* des Hebreux & la Viole d'aujourd'huy, il est facile de faire voir que c'est le mesme Instrument, & que toute la difference consiste seulement dans la differente maniere de le tenir : Car de mesme qu'on ne peut pas dire que la Basse de Violon dont on jouë presentement en Italie ne soit une veritable Basse de Violon, de la mesme espece que celle dont on jouë en France, quoy qu'en Italie on la tienne d'une maniere, que ce qui est icy la Partie Inferieure, est chez les Italiens la Partie Superieure, parce qu'ils la tiennent sur le bras, au lieu qu'en France on l'appuye contre terre. Ainsi il se peut faire que ceux qui joüioient de la Viole chez les premiers Hebreux sous le terme de *Psalterium* la mettoient sur le bras, comme les Italiens leur Basse de Violon, & que la seule difference de la Viole des Hebreux n'est que dans la differente maniere de la tenir.

Ces authoritez nous font connoistre que la Viole estoit en usage parmy les premiers Hebreux sur la figure & la maniere de joüer des Instruments Pulsatiles que nous avons veus, & qu'aparemment elle tira son origine des Instruments qui estoient en usage devant le Deluge : Cependant plusieurs Autheurs qui n'ont pas eû connoissance de ce qui s'est passé devant le Deluge, veulent que le premier Instrument qui a paru au monde soit une Lyre à trois chordes faite par MERCURE EGYPTIEN, sur le modele d'une Tortuë qu'il trouva sur le rivage du Nil aprés un débordement. Cette Tortuë estant décharnée & dessechée, il ne luy restoit que quelques nerfs tendus, que Mercure toucha du bout du doigt, & dont il tira quelque Son.

Cét Instrument fût sans doute l'origine des Instruments à pincer, particulierement du Luth, qui a toûjours conservé la figure d'une Tortuë : mais quelques Autheurs disent que Mercure fit present de sa Lyre à ORPHE´E, qui dans la suite y ajoûta quatre chordes, & qu'il en joüoit avec un

Plectre ou Archet; & HOMERE asseure que Mercure mesme s'estoit servy d'un Plectre ou Archet pour joüer de sa Lyre avant que de la donner à Orphée: mais comme plusieurs Autheurs parlent de cette Lyre sous plusieurs termes differents, & que la pluspart des termes dont ils se servent en parlant des autres Instruments sont generiques, & qu'ils en nomment plusieurs de mesme nom, quoy qu'ils soient de differentes especes, j'ay crû devoir combattre l'opinion de ceux qui ne veulent pas que les Autheurs ayent voulu parler de la Viole, parce qu'ils ne se sont point servis du terme specifique qui distingue aujourd'huy cét Instrument des autres; cependant si on examine la maniere de s'en servir, on ne doutera point qu'ils entendoient parler de la Viole, puis que comme je viens de dire, ils n'avoient point de termes arrestez pour aucun Instrument, & qu'on ne les peut distinguer que par la maniere d'en joüer.

PHILOSTRATE le jeune qui enseignoit à Athenes sous l'Empire de Neron fait la peinture d'Orphée, & en parle en ces termes. *Sinister pes adnixus terra sustinet Cytharam super femore positam, dexter autem gestum & rithmum proludit, solum calceo feriens. Manus autem; dextra quidem Plectrum firmiter tenens extenditur ad phtongos & tonos, cubito insidens, & vola manus intus spectante, lava autem fides rectis digitis ferit.*

ORPHE'E, dit-il, ayant le pied gauche appuyé contre terre soûtient sa Viole de sa cuisse, & frapant le pavé du pied droit il marque le mouvement de ce qu'il joüe, & quant aux mains, la droite tenant l'Archet ferme l'avance sur les chordes, & il s'appuye sur le coude ayant le poignet plié vers le dedans, & les doigts de la main gauche étendus frapent les chordes.

Il semble qu'on ne puisse contester que l'Instrument d'Orphée dont parle Philostrate ne soit une Viole, cependant un Ecrivain de ces derniers temps veut que *Cythara* signifie une Cithare & non pas une Viole : mais ce sentiment est facile à détruire, si l'on considere que jamais on n'a oüy parler d'aucun Instrument qui porta le nom de Cithare, & si l'on examine la maniere de joüer de cét Instrument, on demeurera d'accord qu'il n'estoit autre qu'une Viole, particulierement si l'on écoute le sentiment de JULES BULENGER, qui dit positivement sur ce passage, que Philostrate par cette peinture qu'il fait d'Orphée, fait en mesme temps celle de ceux que l'on nomme en François Joüeurs de Viole, & il ajoûte avec JOSEPH SCALIGER qu'il ne faut pas s'arrester aux termes, parce que les Poëtes & les Autheurs se sont souvent servis de plusieurs termes differents pour exprimer le mesme Instrument, comme aussi ils se sont servis souvent du mesme terme pour exprimer differents Instruments, particulierement de *Cythara*. Ovide entr'autres qui vivoit du temps de l'Empereur Auguste se sert du mesme terme dans son troisiéme Livre *de Arte amandi*. Lors qu'il dit.

Nec Plectrum dextrà, Cytharam tenuisse sinistra
Nesciat arbitrio fœmina docta meo.

Asconius Pedianus qui vivoit sous l'Empire de Neron dit que ceux qui joüent de la Viole occupent leurs mains; Sçavoir, la droite à conduire l'Archet, & la gauche à toucher sur les chordes. *Cum canunt Cytharistæ,* dit-il, *utriusque manus funguntur officio: dextra Plectro utitur, sinistra digitis chordas carpit.*

S. Isidore Evesque de Seville en Espagne, qui mourut dans le septiéme Siecle, Livre troisiéme des Origines, renferme tous les Instruments dans le terme de *Cythara, plures,* dit-il, *species Cytharæ extiterunt, ut Psalteria, Lyræ, Barbita, &c.* Et cela fait bien voir qu'on ne peut connoistre les Instruments des anciens par les termes, mais seulement par leurs figures, & par la maniere de les toucher, c'est pourquoy si on nomme un Instrument *Psalterium,* ou *Cythara,* & qu'on fasse la peinture de son Jeu semblable à celuy de la Viole, je ne dois point douter de croire que l'Autheur a voulu parler d'une Viole.

ACHILLES TATIUS au Livre premier des Amours de LEUCIPE & CLITOPHON, fait le recit d'un banquet, & dit qu'à la fin du repas, un jeune garçon s'avança avec un Instrument qu'il nomme *Cythara*, & qu'essayant premierement les chordes avec les mains il les fit un peu raisonner, & qu'aprés ayant pris l'Archet, & touché quelque peu les chordes, il accorda sa Voix avec son Instrument.

Pouroit-on dire que l'Instrument dont cét Autheur parle sous le terme de *Cythara* ne soit pas une Viole, & si presentement quelqu'un vouloit faire la peinture d'un homme qui joüe de la Viole, pouroit-il dire autre chose; car si on examine toutes les circonstances de ce passage, on trouvera le veritable caractere d'un Joüeur de Viole. Il essaya premierement les chordes avec les mains & les fit un peu raisonner, cela s'appelle examiner si la Viole est d'accord: il prit en suite l'Archet & toucha quelque peu les chordes, c'est à dire qu'il commença à preluder, & en suite il accorda sa Voix avec son Instrument, ce qui marque le caractere particulier de la Viole.

Je sçay que l'on peut objecter que cét Instrument à Archet dont parlent les Autheurs sous le terme de *Cythara*, estoit une Lyre telle qu'elle estoit cy-devant en usage particulierement chez

DE LA VIOLE.

les Italiens, & dont le Pere Mersenne Minime, & le Pere Kircher nous donnent la figure, & nous expliquent la maniere de les toucher : mais il est facile de faire voir que les Autheurs distinguent le terme de *Cythara* d'avec celuy de *Lyra*.

Casserius dans son second Livre *de Vocis Org.* dit positivement que les Instruments que l'on touche avec un Plectre ou Archet sont la Lyre & la Viole. *Instrumenta quæ Plectro arcuque Sonum edunt sunt Lyra & Cythara.*

Jules Bulenger parlant de S. Basile sur les Pseaumes dit, que la Viole & la Lyre raisonnent par la Partie Inferieure avec un Plectre ou Archet. *Cytharæ & Lyræ in imo æs ad Plectrum subsonat.*

Fabius dit que l'Instrument que l'on nomme *Cythara* n'avoit que cinq chordes. *Quinque tantum erant Cytharæ Soni, qui deinde summa varietate distinguebantur cum ab imo ad summum omnibus intenta nervis consentiret*, ce qui ne se peut dire de la Lyre, puis que du temps mesme d'Orphée elle avoit sept chordes, au rapport de S. Isidore sur Virgile. *Antiquitus autem Cythara septem chordis erat, unde Virgilius, septem discrimina vocum.* Et l'on sçait que depuis le nombre en a esté augmenté, ainsi on doit distinguer l'Instrument que les anciens nomment *Cythara* de la Lyre, & l'on ne peut l'appliquer à aucun autre Instrument qu'à la Viole, qui en ce temps-là n'avoit que cinq chordes.

De plus quand il seroit vray que *Cythara* signifieroit par tout une Lyre, ce qui n'est pas comme nous avons veu, ne peut-on pas dire que c'estoit une Viole ; car qu'est-ce qu'une Lyre, si on examine sa figure & la maniere d'en joüer, sinon une Viole imparfaite, qui a disparu aussi-tost que la Viole est venuë à sa perfection, comme l'Aurore disparoist à l'arrivée du Soleil, & de mesme que l'Aurore ne paroist que pour annoncer à l'Univers l'arrivée du Soleil, ainsi on peut dire que la Lyre estoit l'avancouriere de la Viole, & qu'elle n'avoit paru que pour donner une idée de cét Instrument par excellence.

Cependant pour satisfaire ceux qui s'attachent au nom plustost qu'à la chose, il est facile de faire voir que le nom de Viole, n'est pas si nouveau qu'on se l'imagine, & pour cela j'emprunte l'authorité d'un Autheur celebre & irreprochable, qui vivoit il y a plus de mille ans, c'est le venerable Bede, qui faisant la description de la Voix humaine qu'il appelle l'Instrument naturel, parle en suite de l'Instrument artificiel, & nomme positivement la Viole. Voicy ses termes. *Artificiale vero Instrumentum est, ut Organum, Viola, &c.*

On objectera peut-estre sur le mot *Plectrum* dont ont parlé les Autheurs cy-devant, & l'on dira

dira qu'il ne doit pas estre pris pour un Archet, mais pour un Plectre, dont on se servoit pour fraper sur les chordes, comme on s'en sert encore aujourd'huy pour joüer du *Tympanum* ou *Psalterium*, & qu'il tire son origine de *Plectere*, qui signifie batre ou fraper; Je réponds qu'à la verité il y a eû des Instruments dont on tiroit le Son, en frapant dessus avec un Plectre, mais que les Poëtes & les Autheurs se sont presque toûjours servy du mot *Plectrum* pour dire un Archet: De plus quand il seroit vray que *Plectrum* ne signifieroit pas un Archet, il seroit toûjours vray de dire que ceux qui se sont servis du Plectre le faisoient ainsi, parce qu'ils n'avoient pas connoissance de l'usage du crin, outre que nous avons veu que l'Archet tel que nous l'avons aujourd'huy estoit en usage parmy les premiers Hebreux, & qu'ainsi ce n'est pas une nouveauté.

Cependant il faut avoüer que la Viole paroist un Instrument assez nouveau en France, parce qu'il y a peu de temps qu'elle y est estimée, mais cela ne doit pas prejudicier à son antiquité, puis qu'il est vray de dire que les autres Nations en ont eû connnoissance devant nous; car elle a passé des Egyptiens aux Grecs, des Grecs aux Italiens, & des Italiens aux Anglois qui ont commencé les premiers à composer & à joüer des pieces d'harmonie sur la Viole, & qui en ont porté la connoissance dans les autres Royaumes, tels qu'on esté Vvalderan à la Cour de Saxe, Boudler à la Cour d'Espagne, Joung auprés du Comte d'Inspruk, Preis à Vienne, & plusieurs autres en differents endroits ; ainsi elle a passé des Anglois aux Allemans & aux Espagnols, & nous pouvons dire que nous sommes les derniers qui en avons joüé ; mais aussi que c'est aux François à qui la Viole doit sa perfection, comme nous verrons cy-aprés.

Les Egyptiens, qui comme nous avons veu, ont esté les premiers qui se sont addonnez à la Musique & aux Instruments aprés le Deluge, ont communiqué cét esprit à leurs descendants ; car Pierre Bellon en ses observations dit que les Egyptiens ont des Violes qui n'ont qu'une chorde ou deux, & que leurs chordes sont de crin de Cheval, simples, sans estre torses, de maniere que l'Archet & la Viole sont garnis de la mesme façon : le Manche de leurs Violes est fort long, le chevalet n'est soûtenu d'aucune table, mais seulement de la peau d'un Poisson que les Grecs modernes appellent *Glavis*, & que l'on prend dans le Nil : cette peau est colée par dessous, & le reste du corps de cét Instrument est fait comme une boëste plate, d'où il sort un fer fort long qu'ils fichent dans la terre pour en joüer plus facilement, & cela nous fait voir que la Viole est en usage depuis long-temps en Egypte, quoy que d'une maniere fort imparfaite.

Les premieres Violes dont on a joüé en France estoient à cinq chordes & fort grandes, leur usage estoit d'accompagner: le chevalet estoit fort bas & placé au dessous des oüyes, le bas de la touche touchoit à la table, les chordes estoient fort grosses, & son accord estoit tout par Quartes; Sçavoir la Chanterelle en *C Sol Vt*, la Seconde en *G Ré Sol*, la Tierce ou Troisiéme en *D La Ré*, la Quatriéme en *A Mi La*, & la cinquiéme qu'ils appelloient Bourdon estoient en *E Si Mi*. La figure de cette Viole aprochoit fort de la Basse de Violon.

Dans la suite on a changé cette figure en celle des Violes, dont nous nous servons aujourd'huy, à la reserve du Manche; car il estoit rond & massif, & trop panché sur le devant, outre que l'Instrument estoit fort grand, en sorte que le Pere Mersenne dit que l'on pouvoit enfermer de jeunes Pages de la Musique dedans pour chanter le Dessus, pendant que l'on joüoit la Basse, & il dit de plus que cela a esté pratiqué par le nommé Granier devant la Reyne Marguerite, où il joüoit la Basse & chantoit la Taille, pendant qu'un petit Page enfermé dans sa Viole chantoit le Dessus.

Quand on changea la Viole de figure, on y ajoûta une sixiéme chorde, & on changea l'accord comme il est aujourd'huy ; Sçavoir, la Chanterelle en *D La Ré*. La Seconde en *A Mi La*. La Tierce ou Troisiéme en *E Si Mi*. La Quatriéme en *C Sol Vt*. La Cinquiéme en *G Ré Sol*. La Sixiéme en *D La Ré* ; de sorte que son accord estoit une Tierce entre Quatre Quartes, & cét accord est estimé le plus parfait, parce qu'il est plus propre à imiter la Voix qu'aucun autre. Les Estrangers pratiquent plusieurs autres manieres d'accorder, parce que ne connoissant point le beau tour du Chant, ils sont obligez pour se satisfaire d'inventer tout ce qui peut contribüer à la varieté de l'Harmonie : mais si on ne considere la Viole que par cette foule d'accords, il faut avoüer que les Estrangers l'emportent sur nous ; parce que leurs differentes manieres d'accorder la Viole sont plus propres à composer & à executer les Pieces d'une grande Harmonie, au lieu que nostre maniere d'accorder est plus sterile pour la Composition des Pieces d'Harmonie, & plus difficile pour leur execution : mais aussi il est certain que la tendresse du Jeu des François dans l'imitation de la Voix, l'emporte sur cette quantité d'accords, & sur ces diminutions surprenantes des Anglois, où l'on admire plus l'addresse que le bon goût, & qui sont un foible supplément de la delicatesse que demande la perfection du Jeu de la Viole.

On a mis en usage pendant quelques temps trois autres Parties de Viole de differentes grandeurs. L'une un peu moindre que la Basse pour servir de Taille, une autre un peu moindre que la Taille pour servir de Haute-Contre; & enfin une peu moindre que la Haute-Contre pour servir de Dessus, & avec ses quatre Instruments representer les quatre Parties des Voix, ce qui avoit esté pratiqué long-temps auparavant en Italie, où l'on accordoit les Quatre Parties de Viole : Sçavoir, la Taille & la Haute-Contre à l'Unisson, une Quinte plus haut que la Basse, & le Dessus une Quarte plus haut que la Taille & la Haute-Contre, c'est à dire à l'Octave de la Basse.

Quand ces Quatre Parties de Viole estoient en usage en France, on accordoit la Taille une Quarte plus haut que la Basse, la Haute-Contre une Quarte plus haut que la Taille, & le Dessus un Ton plus haut que la Haute-Contre, à l'Octave de la Basse.

Les Anciens ont quelquesfois monté leurs Violes de chordes de laton, comme on peut le remarquer sur le passage de Jules Bulenger, que nous avons cité cy-devant, où il fait connoistre par le mot *es*, que les chordes estoient de laton.

Le Pere Kircher dit que les Violes des Anglois estoient cy-devant montées en partie de semblables chordes, & l'on voit encore aujourd'huy une espece de Dessus de Viole montez de chordes de laton, qu'on appelle Viole d'Amour: mais il est certain que ces chordes font un meschant effet sous l'Archet, & qu'elles rendent un Son trop aigre; c'est pour cela que les François ne se sont jamais servy de pareilles chordes, quoy que quelques-uns en ayent voulu faire l'essay, mais ils se sont attachez à chercher tout ce qui estoit capable de porter cét Instrument à la perfection où il est; car ceux qui font les Violes les ont reduites à une grandeur commode pour les tenir entre les Jambes, d'où vient qu'on les appelle Violes de Jambe, pour les distinguer de cette grande Basse de Viole dont nous avons parlé cy-devant.

Il est vray que les Anglois ont reduit leurs Violes à une grandeur commode, devant les François, comme il est facile d'en juger par les Anciennes Violes d'Angleterre, dont nous faisons une estime particuliere en France: mais aussi il faut avoüer que les Faiseurs d'Instruments François ont donné la derniere perfection à la Viole, lors qu'ils ont trouvé le secret de renverser un peu le Manche en arriere, & d'en diminüer l'espaisseur; car par ce moyen les Maistres qui joüent de cét Instrument executent avec beaucoup plus de facilité, & il n'y a point de Viole d'Angleterre, où l'on ne soit obligé de faire mettre un Manche à la Françoise pour s'en servir commodément.

Les premiers hommes qui ont excellé en France dans le Jeu de la Viole ont esté Messieurs MAUGARD & HOTMAN, ils estoient également admirables, quoy que leurs caracteres fussent differents; car le premier avoit tant de science & d'execution, que sur un Sujet de cinq ou six notes qu'on luy donnoit sur le champ, il le diversifioit en une infinité de manieres differentes, jusqu'à épuiser tout ce que l'on y pouvoit faire, tant par accords que par diminutions; & le second est celuy qui a commencé en France à composer des Pieces d'Harmonie reglées sur la Viole, à faire de beaux Chants, & à imiter la Voix, en sorte qu'on l'admiroit souvent davantage dans l'execution tendre d'une petite Chansonnette, que dans les Pieces les plus remplies & les plus sçavantes. La tendresse de son Jeu venoit de ces beaux coups d'Archet qu'il animoit, & qu'il adoucissoit avec tant d'adresse & si à propos, qu'il charmoit tous ceux qui l'entendoient, & c'est ce qui a commencé à donner la perfection à la Viole, & à la faire estimer preferablement à tous les autres Instruments.

Dans le mesme temps il y avoit encore un Benedictin, homme admirable pour diversifier un Sujet sur le champ en mille manieres surprenantes, que l'on nommoit le Pere André : Le souvenir des choses charmantes qu'il faisoit sur la Viole, le fait encore admirer aujourd'huy des plus Illustres de nostre temps qui l'ont entendu, & qui avouënt que s'il avoit esté d'un estat à faire profession de cét Instrument, il auroit obscurcy tous ceux de son temps.

De tous ceux qui ont appris à joüer de la Viole de Monsieur Hotman, on peut dire que Monsieur de Sainte Colombe a esté son Ecolier par excellence, & que mesme il l'a beaucoup surpassé; car outre ces beaux coups d'Archet qu'il a appris de Monsieur Hotman, c'est de luy en particulier que nous tenons ce beau port de main, qui a donné la derniere perfection à la Viole, a rendu l'execution plus facile & plus dégagée, & à la faveur duquel elle imite tous les plus beaux agrémens de la Voix, qui est l'unique modelle de tous les Instrumens : C'est aussi à Monsieur de Sainte Colombe que nous sommes obligez de la septiéme chorde qu'il a ajoûtée à la Viole, & dont il a par ce moyen augmenté l'estenduë d'une Quarte. C'est luy enfin qui a mis les chordes filées d'argent en usage en France, & qui travaille continuellement à rechercher tout ce qui est capable d'ajoûter une plus grande perfection à cét Instrument, s'il est possible. On ne peut pas aussi douter que c'est en suivant ses traces que les plus habiles de ce temps se sont perfectionnez, particulierement Monsieur MARAIS, dont la science & la belle execution le distinguent de tous les autres, & le font admirer avec justice de tous ceux qui l'entendent. Tous ceux enfin qui ont l'avantage de plaire, en ont l'obligation aux principes de Monsieur de SAINTE COLOMBE, & si quelqu'un vouloit chercher la perfection du Jeu de la Viole par d'autres moyens il s'en éloigneroit, en sorte qu'il ne la trouveroit jamais.

TRAITÉ DE LA VIOLE.

PREMIERE PARTIE.

Comment il faut placer la Viole, porter la main, tenir & conduire l'Archet.

IL m'a toûjours semblé que c'estoit une chose inutile de vouloir enseigner par écrit la maniere de placer la Viole, de porter la main, & de tenir & conduire l'Archet; parce qu'il est difficile de comprendre ces choses par une simple lecture, & encore plus de les pratiquer sans le secours d'un Maistre, car l'experience journaliere nous fait sensiblement connoistre le contraire, puis que les Maistres avec tout leur sçavoir & leurs soins ont bien de la peine à les faire pratiquer à leurs Ecoliers, suivant les Regles de l'Art, particulierement dans les commencemens.

De plus comme on a déja entretenu le Public de ces choses, il sembloit que je devois me dispenser de les produire en cét ouvrage. Cependant parce qu'on ne doit rien obmettre dans un Traité des choses qui regardent precisément l'Art dont on veut donner des Regles, & que plusieurs personnes trouveroient que ce seroit un deffaut de n'en pas parler, j'ay crû estre obligé de passer par dessus toutes les considerations qui sembloient devoir m'en empescher.

Chapitre Premier.
La maniere de placer la Viole.

La premiere chose qu'il faut observer pour placer la Viole est, de prendre un Siége commode qui ne soit ny trop haut ny trop bas; ce n'est pas pourtant que tous ceux qui jouënt de la Viole doivent s'assujetir à cette regularité; car il faut s'accoûtumer à joüer sur toutes sortes de Siéges, suivant les lieux où l'on se rencontre, pour ne pas faire paroistre des difficultez ridicules, lors que faute d'un Siége proportionné à sa taille on voudroit s'exempter de joüer, mais il est certain que dans les commencemens il est bon de se servir d'un Siége commode.

La seconde chose est, qu'il faut s'asseoir sur le

bord du Siége, afin que le corps estant dans l'équilibre on puisse joüer librement, & d'une maniere plus degagée.

La troisiéme chose est, de prendre la Viole de la main gauche par le talon du Manche proche le corps de la Viole, & non pas par le milieu du Manche, où l'on seroit souvent exposé à mettre les Touches en desordre, comme il arrive assez ordinairement.

La quatriéme chose est, qu'il faut placer la Viole entre les deux gras des jambes, un peu plus haut ou plus bas selon la taille des personnes, la hauteur du Siége & la grandeur de l'Instrument; alors il faut la tourner un peu en dedans, & éloigner un peu le Manche de la teste à costé, & l'avancer un peu sur le devant. La pointe des pieds doit estre tournée en dehors, particulierement la pointe du pied gauche, qui doit estre plus tournée en dehors que celle du pied droit, & avancer un peu plus en devant; & il faut que les deux pieds soient à plat, & jamais ne les coucher ny l'un ny l'autre sur le costé, ny lever le talon.

Chapitre II.
La maniere de porter la main.

LE Port de main consiste à la porter vers le haut du Manche où sont les Touches, en arondissant le poignet & les doigts, alors il faut placer le pouce derriere le Manche, directement sous le doigt du milieu, approchant du bord du Manche du costé gauche; car c'est une Regle pratiquée generalement de tous les Maistres, de placer toûjours le pouce sous le doigt du milieu.

Il faut icy prendre garde que la Viole soit si ferme entre les jambes que la main ne soit pas occupée à la soûtenir, au lieu qu'elle doit estre toûjours libre pour agir, outre que quelquefois on est obligé de tenir le pouce en l'air, comme quand on pratique la langueur; car si alors la Viole n'estoit pas ferme entre les jambes, elle tomberoit sur l'épaule. Il n'y a qu'une seule occasion où l'on doit avancer la Viole en devant avec le pouce, c'est lors qu'on est obligé de joüer sur les grosses chordes; car si on ne le faisoit pas on seroit obligé de retirer le corps & de se gesner, outre que la posture seroit desagreable, & lors qu'on veut la remettre en sa premiere situation on la retire avec les doigts qui sont placez sur la Touche.

Quand on veut placer les doigts il les faut mettre proche les Touches & jamais dessus, & presser la chorde avec le doigt; parce que quand on appuye legerement, l'Archet ne peut pas tirer le Son de la Viole.

Il faut toûjours appuyer sur les chordes de la pointe du doigt, & jamais du plat, si ce n'est lors que quelque accord oblige de coucher le premier doigt.

Suivant ce que nous venons de dire, on peut remarquer qu'il n'y a qu'une maniere de porter la main pour joüer de la Viole, & que cette maniere est naturelle; cependant on a donné un Avertissement au Public depuis quelque temps, par lequel on veut faire croire qu'il y a deux Ports de main necessaires pour la perfection du Jeu de la Viole, & que tous les Maistres, par un abus general, pechent contre cette Regle, excepté l'Autheur de l'Avertissement. Je dis tous les Maistres, parce que tous ne connoissent & ne pratiquent qu'une maniere de porter la main; & que Monsieur de SAINTE COLOMBE n'a jamais enseigné, ny pratiqué que celle dont j'ay parlé cy-devant. Ainsi c'est mal à propos que l'Autheur de l'Avertissement veut embarrasser le Public de deux pretendus Ports de main; comme aussi c'est sans fondement qu'il nous raprésente qu'on les pratique sur le Luth, le Thuorbe & la Guitarre ; car outre qu'il y a une grande difference entre la maniere de tenir le Luth, le Thuorbe & la Guitarre, & celle de tenir la Viole, ce qui fait connoistre qu'il doit y avoir aussi quelque difference dans la maniere de porter la main, c'est qu'il est certain que le jeu de la Viole ne tire point son origine des Instrumens a pincer, parceque son carractere est beaucoup different & que l'avantage que luy donne l'Archet de tenir les Sons, la distingue de leur carractere qui est beaucoup inferieur au sien, puis qu'il approche plus prés de la voix qu'aucun autre Instrument. De plus si l'on examine le Port de main des Instrumens a pincer, on connoistra visiblement qu'il est beaucoup different de celuy de la Viole, ou la main est presque toûjours estenduë & ou elle occupe le plus souvent cinq touches, ce qui n'arrive jamais ou tres-rarement aux Instrumens a pincer, ou la main est plus ramassée ; ce qui fait que ceux qui en joüent ont presque toûjours le pouce sous le premier doigt, au lieu qu'à la Viole on le place sous le doigt du milieu. Je ne dis pas cependant qu'on ne soit pas quelquefois obligé de mettre le pouce sous le premier doigt pour l'execution facile de quelques accords : mais comme ce n'est pas une chose ordinaire comme de tenir le pouce sous le doigt du milieu, & que cette maniere n'a jamais esté considerée comme un secõd Port de main, il semble que l'Autheur de l'Avertissemét n'a pas dû traiter les Maîtres d'ignorants parce qu'ils ne reconnoissent pas deux Ports de main dans le jeu de la Viole. Il dira peut-estre qu'il y a des Maîtres qui non-seulemét ne reconnoissent pas ses deux prétendus Ports de main, mais aussi qui ne les pratiquent pas, c'est a dire qui ne placent pas leur pouce sous le premier doigt quand il le faut : Mais on peut répondre que cela n'est pas croyable parce que c'est une chose qui se pratique naturellement & quand mesme ce qu'il dit seroit vray, ce n'est pas une raison pour dire qu'il s'est glissé des abus dans le jeu de la Viole ; Car il n'y a point d'Art dans le monde ou l'on ne trouve des personnes qui ne sont pas tout a fait regulieres, & l'on ne dit pas pour cela qu'il se soit glissé des abus dans l'Art.

CHAPITRE III.

La maniere de tenir & conduire l'Archet.

IL faut prendre l'Archet de la main droite, en mettant le doigt du milieu sur le crin en dedans, le premier doigt couché soûtenant le bois,

DE LA VIOLE.

& le pouce estant droit & appuyé dessus vis à vis le premier doigt, la main estant éloignée de la hausse environ de deux ou trois doigts.

Pour conduire l'Archet, il faut que le poignet soit avancé en dedans, & commençant à pousser l'Archet par le bout, le poignet doit accompagner le bras en obeïssant; c'est à dire que la main doit avancer en dedans, & quand on tire il faut porter la main en dehors, toûjours en accompagnant le bras sans tirer le Coude; car on ne doit pas l'avancer quand on pousse, ny le porter en arriere quand on tire.

J'ay dit qu'il faut commencer à pousser l'Archet par le bout; parce que si on commence par le milieu le coup d'Archet sera souvent trop court & trop sec, le bras n'aura pas assez de force, & l'on ne poura pas tirer un beau Son de la Viole; comme aussi en tirant l'Archet, si on commence par le milieu, il arrivera la mesme chose, c'est pourquoy si en poussant on est obligé de commencer par le bout de l'Archet, on doit en tirant commencer le plus proche de la main que l'on peut sans se gesner, pour s'accoustumer aux grands coups d'Archet, sans quoy l'Instrument ne peut pas faire son effet, & il faut quand on pousse, ou qu'on tire un coup d'Archet, en avoir toûjours de reste.

Il est vray que selon les differents mouvements & la valeur des Notes, on est souvent obligé à commencer le Tiré par le milieu de l'Archet, & mesme vers le bout, à cause de la vistesse de l'execution que la mesure & le mouvement demandent: mais il n'est jamais permis quand on pousse de commencer par un autre endroit que par le bout, & il est presqu'impossible de bien executer autrement.

Il faut quand on joüe que le bois de l'Archet panche un peu en bas, afin que la main se porte naturellement & ne soit pas contrainte, & il faut aussi prendre garde qu'il ne panche pas trop, de peur que touchant sur les chordes cela ne fasse un mauvais effet.

Pour tirer un Son net, il faut toucher avec l'Archet sur les chordes à trois ou quatre doigts environ du Chevalet; car quand on touche plus bas le Son que l'on en tire est desagreable, & quand on touche plus haut, on est toûjours en danger de toucher plusieurs chordes ensemble, & mesme il est fort difficile de l'empescher, parce que les chordes y obeïssent trop sous l'Archet.

Chapitre IV.
La maniere d'accorder la Viole.

IL n'y a qu'une maniere d'accorder la Viole en France, pour les raisons que nous avons dit dans la Dissertation sur son origine, c'est pourquoy il est facile de l'apprendre en peu de temps.

Pour en donner les moyens faciles, il faut repeter ce que nous avons déja dit; Sçavoir, que de chaque chorde à la prochaine il doit y avoir l'Intervale d'une Quarte, excepté de la Quatriéme à la Troisiéme, où l'Intervale doit estre seulement d'une Tierce. Que la Chanterelle est en *D La Ré*, la Seconde en *A Mi La*, la Troisiéme en *E Si Mi*, la Quatriéme en *C Sol Vt*, la Cinquiéme en *G Ré Sol*, la Sixiéme en *D La Ré*, & la Septiéme en *A Mi La*.

Pour les accorder, lors que l'on n'est pas obligé de s'assujetir à un autre Instrument, il faut commencer par *C Sol Vt*, qui est la chorde du milieu, & la monter à un Ton raisonnable, en sorte que la Chanterelle ne soit point forcée, ce qui la feroit sifler sous l'Archer, & la mettroit en danger de se rompre; comme aussi que la grosse chorde puisse faire entendre & distinguer facilement ses Sons.

Quand cette chorde du milieu est montée, il faut poser le troisiéme doigt à la quatriéme Touche de la mesme chorde, & monter la troisiéme chorde à l'Unisson; c'est à dire que les deux chordes l'une touchée & l'autre à l'ouvert fassent entendre le mesme Son.

Il faut en suite poser le petit doigt à la 5me Touche de la 3me chorde, & monter la seconde chorde à l'Unisson. Il faut faire la mesme chose pour accorder la Chanterelle sur la seconde.

Les quatre premieres chordes estant ainsi d'accord, il faut poser le petit doigt à la 5me Touche de la 5me chorde, & la monter jusqu'à ce qu'elle soit à l'Unisson de la Quatriéme à l'ouvert. Il en faut faire de mesme de la 6me chorde, pour l'accorder sur la 5me à l'ouvert, & de la 7me pour l'accorder sur la 6me à l'ouvert.

Cette maniere d'accorder la Viole, s'appelle l'accord par Unissons, qui est le plus facile, mais qui n'est pas toûjours bien seur, à moins que les chordes ne soient parfaitement justes, & que les Touches ne soient bien placées; car si les chordes sont fausses, ou si estant justes elles portent leurs Sons trop haut ou trop bas sur quelque Touche, il est comme impossible d'accorder la Viole juste par Unissons dans les commencemens.

On peut accorder la Viole par Quartes, &

c'est la maniere ordinaire des Maistres qui distinguent facilement la justesse de cét Intervalle en touchant deux chordes à l'ouvert.

On peut encore accorder la Viole par Quintes & par Octaves, mais il est certain que la veritable maniere de bien accorder est de se servir de toutes ces manieres l'une aprés l'autre, comme d'un moyen infaillible pour connoistre le deffaut des chordes, pour y remedier quand la chose est possible, en avançant ou retirant un peu les Touches.

Ceux qui apprennent par Tablature doivent suivre la mesme maniere d'accorder par Unissons, comme ils sont marquez dans leur Manche, sçavoir accorder l'A de la 3me chorde sur l'E de la 4me à l'Unisson. L'A de la Seconde sur l'F de la 3me, & la Chanterelle sur l'F de la Seconde. il faut en suite accorder l'F de la 5me chorde sur l'A de la 4me; l'F de la 6me sur l'A de la 5^{m}, & l'F de la 7me sur l'A de la Sixiéme : car pour les autres manieres il n'y a que ceux qui sçavent la Musique qui s'en puissent servir ; je parle de ceux qui commencent.

Ceux qui apprennent par Tablature sont sujets à plusieurs autres accords, quand ils veulent joüer les Pieces des Estrangers, & l'on ne peut pas en donner des Regles; parce que chaque Maistre en invente à sa fantaisie, selon les differents Modes qu'il veut traiter.

Au regard de l'accord par Musique, quand on est obligé dans les Concerts de s'assujetir à d'autres Instruments, on commence ordinairement à accorder la Viole par la seconde chorde, que nous appellons *A Mi La*.

CHAPITRE V.
Des Chordes, & de l'Archet.

ON débite depuis peu un petit Livret, qui parlant de la Viole dit, qu'il faut que les Violes soient montées de chordes menuës, mais mon sentiment n'est pas que toutes les Violes doivent estre montées de cette maniere; car il doit y avoir de la difference entre les chordes d'une Viole qui a un grand Son, & celle dont le Son est plus difficile à tirer, qui semble resister sous l'Archet, & que nous appellons une Viole dure. On peut comparer ces deux caracteres de Viole à deux Chevaux, dont l'un obeït au moindre mouvement de la main, & l'autre est difficile à conduire: Le premier demande un mord qui soit doux; car si on luy en donne un rude il luy gaste la bouche & le rend vicieux, & le second demande un mord rude; car si on luy en donne un trop doux, il est indocile & ne rend pas le service que l'on souhaite. De mesme une Viole qui a un grand Son veut estre montée de chordes déliées, & si on y met des chordes trop grosses elle rend moins de Son, & il est moins agreable, que si elles estoient moins grosses : Comme aussi une Viole qui a le Son dur, & qui ne rend pas facilement ce qu'on en doit tirer, veut estre montée de chordes un peu plus grosses que celles de la Viole qui a beaucoup de Son, & veut aussi estre touchée avec plus de vigueur ; car si on luy donne des chordes trop menuës, & qu'on la traite trop doucement les chordes ne feront que sifler, & l'Instrument ne rendra point de Son.

Le mesme petit Livret dit que pour l'Archet le bois doit estre de la Chine, & la monture de crin blanc, parce qu'il est plus doux que le noir ; mais il me semble que l'on met en usage plusieurs sortes d'autres bois pour faire des Archets, qui ne sont pas moins bons que le bois de la Chine : J'avouë que les Archets en sont plus propres, mais il ne faut pas en faire une necessité, comme si absolument on ne pouvoit pas trouver d'autres bois pour faire des Archets ; car si cela estoit, & que l'on n'eût plus de commerce avec les Chinois, il faudroit donc abandonner la Viole : Au regard du crin, il est vray que le blanc est le plus doux, & qu'il est fort propre pour le Dessus de Viole, mais pour les Basses le crin noir est plus propre à tirer le Son que le blanc.

CHAPITRE VI.
Explication du Manche de la Viole.

LA connoissance du Manche de la Viole s'estend trop loin, pour le donner dans toute son étenduë à ceux qui commencent, c'est pourquoy je l'ay divisé en trois Figures pour la commodité des Ecoliers, & j'en ay ajoûté une quatriéme pour ceux qui veulent apprendre par Tablature.

La premiere Figure est un Manche Diatonique, qui contient seulement l'ordre des degrez naturels, & les Unissons doubles.

La seconde Figure est un Manche Harmonique, c'est à dire composé de Diatonique & de Chromatique, qui contient l'ordre des degrez naturels avec leurs feintes, & les Unissons doubles & simples qui sont dans l'estenduë des sept Touches.

La Troisiéme Figure est un Manche Chromatique, c'est à dire qui contient l'ordre des degrez naturels avec leurs feintes, & les Tons transposez les plus recherchez avec les Unissons doubles

& simples dans toute l'étenduë du Diapazon de chaque chorde.

La quatriéme Figure contient la connoissance du Manche pour la Tablature, dans toute l'étenduë du Diapazon de chaque chorde.

CHAPITRE VII.
Explication du Manche Diatonique.

Dans le premier Manche que j'appelle Diatonique, pour connoistre la maniere de proceder par degrez conjoints, il faut premierement sçavoir qu'une Note seule ne peut jamais former autre chose qu'un Son, & qu'il faut deux Sons consecutifs pour former un Ton ou Semiton.

Il faut encore sçavoir que d'une Note à une autre, ou d'un Son à un autre proche il y a toûjours un Ton, excepté du *Mi* au *Fa*, & du *Si* à l'*Vt*, qui ne sont que des Semitons : & que du Sillet du Manche à la premiere Touche il n'y a qu'un Semiton, & que les Intervalles de toutes les Touches ne forment chacune qu'un Semiton ; ainsi pour faire un Ton entier il faut toûjours passer par-dessus une Touche, parce qu'il faut deux Intervalles ou deux Semitons pour faire un Ton.

Ces Regles estant établies, il faut sçavoir que la septiéme chorde à l'ouvert s'appelle *A Mi La*; mais comme en *A Mi La* il y a deux Notes, dont la premiere est pour le ♭ mol, & la seconde pour le ♮ carre, & que l'une & l'autre se touchent toûjours au mesme lieu sur la Viole, il faut seulement la nommer *La*, & remarquer que la seule difference de ces deux Modes sur la Viole, aussi bien que sur tous les autres Instruments, se marque sur le *Si*; car quand le ♭ mol domine, du *La* au *Si*, il n'y a qu'un Semiton, comme on peut le voir dans le Manche Harmonique, & quand le ♮ carre domine, du *La* au *Si*, il y a un Ton. C'est pourquoy pour proceder par degrez conjoints suivant l'ordre de la Musique, il faut commencer par la septiéme chorde à l'ouvert, qui s'appelle *La*, & mettant en suite le premier doigt sur la seconde Touche de la mesme chorde, on marque le Son du *Si*, parce que du *La* au *Si* il y a un Ton, ensuite on met le second doigt sur la 3.me Touche de la mesme chorde, qui marque le Son de l'*Vt*, & qui ne forme qu'un Semiton, & aprés cela on met le petit doigt sur la 5.me Touche, qui marque l'Unisson de la 6.me chorde à l'ouvert, que l'on nomme *Ré*, & qui forme un Ton; on monte ainsi de chorde en chorde, & de Touche en Touche, observant toûjours les Intervalles des Tons & des Semitons, & commençant toûjours par la chorde à l'ouvert, jusqu'à ce qu'on soit parvenu à la 7ᵐᵉ Touche de la Chanterelle. Il faut en suite descendre par les mesmes degrez que l'on est monté, commençant toûjours chaque chorde en descendant par l'Unisson, jusqu'à ce qu'on soit parvenu à l'ouvert de la 7ᵐᵉ chorde, par où on avoit commencé pour monter.

Les Unissons sont marquez par une écriture couchée, afin qu'on puisse mieux les distinguer, & les trois Clefs de la Musique sont placées sur le Manche aux endroits où elles dominent, afin de connoistre où l'on doit toucher toutes sortes de Notes, & particulierement pour mieux comprendre où il faut toucher toutes les Notes du Manche, suivant la Demonstration que nous en donnons cy-aprés, où l'on voit que le *Fa* de la Clef d'*F Vt Fa* se touche sur la premiere Touche de la Troisiéme chorde, & que l'*Vt* de la Clef de *C Sol Vt* se touche sur la Troisiéme Touche de la seconde chorde. Et afin qu'il ne reste aucune difficulté dans la connoissance du Manche de la Viole, j'ay separé, dans l'ordre des Notes qui suivent l'étenduë du Manche, celles qui appartiennent à chaque chorde, avec des chifres sur les Notes, qui marquent précisément les Touches où l'on doit les toucher. Il faut remarquer que les premiers Sons de chaque chorde

44 TRAITÉ

n'ont point de chifres, parce qu'on les doit toucher à l'ouvert; cependant on peut les toucher à l'Unisson sur la chorde prochaine du costé droit, quand le Jeu le permet.

Il faut encore remarquer, que souvent on est obligé de se servir de la Clef de *C Sol Vt*, particulierement dans les Pieces d'Harmonie, pour éviter la multiplication des lignes qui embarrasseroit la veuë, & comme les Notes qui appartiennent à chaque chorde y sont separées, & que les chifres qui font connoistre les Touches y sont aussi marquez, on connoistra facilement son étenduë sur le Manche de la Viole, & le raport que la plus grande partie de ses Notes peuvent avoir sur le Manche avec la Clef d'*F Vt Fa*.

DEMONSTRATION DE L'ORDRE
des Notes, suivant l'étenduë du Manche
Diatonique.

CHAPITRE VIII.
Explication du Manche Harmonique.

LE second Manche que nous appellons Harmonique ou Diatonico-chromatique, contient comme nous avons dit, l'ordre des degrez naturels avec leurs feintes, je veux dire les Semitons qui arrivent par accident au moyen du ♭ mol, du ♮ carre & du Dieze.

Ce Manche renferme tout ce que nous avons dit du Manche Diatonique, & de plus il contient les Unissons simples qui se peuvent trouver dans l'étenduë des Touches, tant des degrez naturels, que des feintes, & ces Unissons sont marquez par une écriture couchée.

De plus dans la Demonstration de l'ordre des Notes ou des Sons que contient ce Manche, les Notes qui appartiennent à chaque chorde y sont aussi separées, & les Touches de chaque Note sont marquées par des chifres, excepté celles que l'on doit toucher à l'ouvert.

Il faut remarquer dans ce Manche, & dans le suivant, que toute Note qui est precedée d'un ♭ veut estre touchée à une Touche plus haut que son naturel, & que toute Note qui est marquée d'un Dieze veut estre touchée à une Touche plus bas qu'à son naturel.

Il faut encore remarquer dans ce Manche, & dans le suivant, que le ♮ carre qui est marqué dans la Demonstration de l'ordre des Notes, marque seulement le degré, ou le Son naturel de la Note suivante, à cause de la precedente qui est dominée par un ♭ mol.

DEMONSTRATION DE L'ORDRE
des Notes, suivant l'étenduë du Manche Harmonique.

DE LA VIOLE.

CHAPITRE IX.
Explication du Manche Chromatique.

LE Troisiéme Manche que nous appellons Chromatique, contient l'ordre des degrez

Naturels, les Feintes & les Unissons doubles & simples dans l'étenduë des Touches que contient le Manche precedent : mais outre cela celuy-cy contient encore les degrez Chromatiques des Tons transposez les plus recherchez dans toute l'étenduë du Diapazon de chaque chorde, en supposant cinq Touches au delà de la Septiéme.

Ce Manche donne une grande facilité pour connoistre tout ce que l'on peut faire sur le Manche de la Viole sur toutes sortes de Tons, tant naturels que transposez, pour la composition des Pieces, & pour leur execution.

Je nomme ce Manche Chromatique pour le distinguer des autres, & pour faire connoistre qu'il contient les degrez Chromatiques les plus recherchez que l'on puisse trouver dans les Musiques les plus difficiles & les plus transposées; car on sçait que le pur Chromatique n'est pas en usage, & il n'est pas question maintenant de faire une Dissertation pour sçavoir s'il est possible ou non, aussi bien que l'Enharmonique dont quelques Autheurs disent avoir entendu l'execution.

Ce Manche est propre pour satisfaire ceux qui ont la curiosité d'aprofondir les choses, & qui ne se contentent pas d'une legere superficie; car il y a des gens qui cherchent autant à satisfaire leur esprit par la connoissance radicale des choses qu'ils qu'ils apprennent, qu'à contenter leur oüye par la douceur de l'Harmonie.

Ce Manche est propre aussi pour ceux qui s'attachent au Jeu de l'Accompagnement; parce qu'on y trouve, pour l'execution, tout ce que les Maistres Compositeurs peuvent faire sur toutes sortes de Tons & de Transpositions.

Dans la Demonstration de l'ordre des Notes ou des Sons que contient ce Manche, les Notes ou les Sons qui appartiennent à chaque chorde dans l'étenduë du Diapazon y sont separées, & les Touches sont marquées sur chaque Note avec un chifre, excepté celles que l'on doit toucher à l'ouvert.

Il faut prendre garde que le ♯ carre qui est marqué dans la Demonstration des Notes, marque seulement le degré naturel de la Note suivante, à cause du ♭ mol qui domine la precedente.

Il faut aussi remarquer dans cette Demonstration, que les Notes qui sont sous une mesme liaison se doivent toucher à la mesme Touche, quoy que dans le fond il y ayt quelque difference entre ces deux Sons, au moins d'un *Comma*, suivant la supputation des Autheurs, qui veulent que le Ton soit composé de neuf *Comma*; ainsi pour en faire deux Semitons, il y en aura un qui sera composé de cinq *Comma*, & l'autre de Quatre;

D

c'est à dire que le premier sera un Semiton Majeur, & le second un Semiton Mineur.

On connoist le Semiton Mineur, lors qu'on est obligé de faire un Semiton sans que la Note change de degré, comme lors qu'on procede de l'*Vt* de *C Sol Vt* à son Dieze; car ce sont deux Notes qui sont toûjours sur le mesme degré, & l'on connoist le Semiton Majeur lors qu'on est obligé de faire un Semiton d'une Note à une autre sur differents degrez, comme quand on procede du Dieze de *C Sol Vt*, au *Ré* de *D La Ré*.

La difference de ces deux Semitons se voit sensiblement sur le Monochorde, & nous connoissons la necessité d'y en faire, par les Clavecins coupez ou à doubles feintes dont se servent les Italiens; c'est pourtant ce qui ne se pratique point en France, & qui cause souvent de mauvais effets dans les Tons transposez, où les cadences qui se font sur les feintes ne sont pas toûjours bien justes, particulierement sur le Clavecin.

DEMONSTRATION DE L'ORDRE des Notes, suivant l'étenduë du Manche Chromatique.

7ᵐᵉ chorde.   unissons.

DE LA VIOLE. 51

D ij

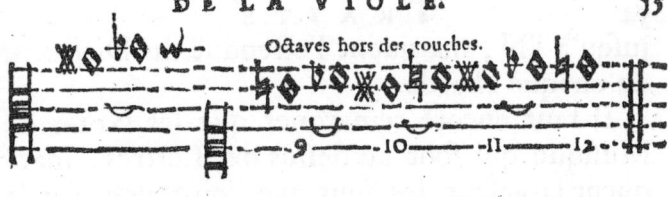

CHAPITRE X.
Explication du Manche pour la Tablature.

LE Manche de la Tablature est facile à concevoir. L'A. marque la chorde à l'ouvert, le B. la premiere Touche, le C. la seconde, & ainsi des autres Lettres consecutivement; & les Lettres qui sont au delà des Touches supposent les Touches qui n'y sont pas, & où l'on est souvent obligé de toucher jusqu'à l'étenduë du Diapazon de chaque chorde, particulierement de la Chanterelle.

Dans la Demonstration des Lettres pour la Pratique, qui est cy-aprés, il faut remarquer que les six Regles representent les six chordes, à commencer par la petite que l'on appelle la Chanterelle, & que pour la septiéme qui est la plus grosse, elle se connoist par les Lettres qui sont au dessous de la sixiéme Regle; & de plus que les Lettres qui se suivent conjointement

54 TRAITÉ

jusqu'à l'N, marquent l'estenduë du Diapazon de chaque chorde.

Il faut encore remarquer que les Notes de Musique qui sont au dessus des Lettres, marquent la valeur des Sons que l'on touche par le moyen des Lettres, & que celles qui n'ont point de Notes pour marquer la valeur de leurs Sons, observent celle de la derniere Note qui en a.

DEMONSTRATION DE L'ORDRE
des Lettres suivant l'étenduë du Manche, pour la Tablature.

Hors des Touches.

SECONDE PARTIE.

Explication des differents Jeux de la Viole, & de leurs differents caracteres.

N peut joüer de la Viole en quatre manieres differentes; Sçavoir, joüer des Pieces de Melodie, joüer des Pieces d'Harmonie ou par Accords, joüer la Basse pendant qu'on chante le Dessus, & cela s'appelle s'accompagner: On peut enfin joüer la Basse dans un Concert de Voix & d'Instruments, & c'est ce qu'on appelle accompagnement. Il y en a un cinquiéme qui consiste à travailler un Sujet sur le champ, mais il est peu en usage; parce qu'il demande un homme consommé dans la Composition & dans l'exercice de la Viole, avec une grande vivacité d'esprit.

Des Tenuës.

Avant que de commencer l'explication & le caractere de ces Jeux differents, il est à propos de faire connoistre qu'il y a *des Tenuës* de bien-séance, & *des Tenuës* d'Harmonie. *Les Tenuës* de bien-séance consistent à ne lever jamais les doigts qui sont placez, sans necessité, & lors qu'on peut les tenir occupez sans forcer la main, parce que la figure la plus agreable sur la Viole, est d'avoir les doigts occupez ; & aussi parce que souvent les doigts sont placez pour les Notes suivantes. *Les Tenuës* d'Harmonie consistent à tenir les Sons qui font Harmonie contre une autre Partie, & qui causeroient des Dissonances si on levoit les doigts, outre que souvent les doigts sont portez pour les Notes suivantes.

Les Tenuës de bien-séance doivent estre observées dans tous les Jeux de la Viole, & *les Tenuës* d'Harmonie sont seulement pour les Pieces par accords.

CHAPITRE PREMIER.
Du Jeu de Melodie.

LE Jeu des Pieces de Melodie est un Jeu simple, & qui demande par consequent beaucoup de delicatesse & de tendresse, & c'est en ce Jeu que l'on doit s'attacher plus particulierement à imiter tout ce que la Voix peut faire d'agreable & de charmant, il est propre particulierement pour le Deſſus de Viole, & auſſi pour ceux qui voulant joüer ſeuls de la Baſſe de Viole, n'ont pas aſſez de Voix pour s'accompagner, ny aſſez de diſpoſition pour joüer des Pieces d'Harmonie.

Ce Jeu demande une connoiſſance raiſonnable de la Muſique, & une exacte Pratique *des Tenuës* de bien-ſéance.

Pour compoſer des Pieces de Melodie, il eſt neceſſaire de ſçavoir la Muſique à fond, la belle maniere du Chant, & avoir du bon goût.

Le Jeu des Pieces de Melodie eſt fort agreable, & meſme fort touchant quand on s'en acquite bien, & je ne comprend pas pourquoy l'Autheur de l'Avertiſſement s'emporte ſi fort contre ceux qui joüent des Pieces de Melodie, & encore plus contre ceux qui les compoſent; car tous les Maiſtres, à commencer par Monſieur Hotman, ſe ſont beaucoup plus fait admirer ſur des Airs ſimples touchez avec toute la delicateſſe de l'Art, que ſur les Pieces d'Harmonie les plus regulieres & les plus remplies. De plus il faut remarquer que ſi on veut faire conſiſter la perfection de la Viole dans la ſeule Harmonie, il eſt certain que les Inſtruments à pincer l'emporteront par-deſſus elle; mais particulierement l'Orgue & le Clavecin, qui ſurpaſſent tous les autres en fait d'Harmonie.

Je ne pretends pas pour cela condamner les Pieces d'Harmonie, quand elles sont suivant le caractere de l'Instrument, comme nous verrons cy-aprés: mais je prends la deffence des Pieces de Melodie, & de celles ou l'Harmonie n'est pas toûjours suivie, qui surpassent infiniment une quantité de Pieces remplies qui sont seches & insipides; car il n'y a personne qui ne demeure d'accord qu'une Melodie executée avec tendresse est beaucoup plus agreable qu'une Harmonie sans goût, outre que la Viole est un Instrument où la Melodie doit dominer preferablement à l'Harmonie; parce que la delicatesse du Chant est son esprit, & que c'est par ce seul endroit qu'elle est estimée, comme aprochant plus prés de la Voix, que tous les Instruments doivent imiter. Et si on se fait un grand plaisir d'entendre une belle Voix seule, lors qu'elle chante avec tous les agréments du Chant, pourquoy ne voudra-t'on point souffrir le Jeu de Melodie de la Viole qui l'imite parfaitement: C'est donc contre la Justice que l'on veut blasmer le Jeu de Melodie, & ceux qui en composent les Pieces; comme aussi c'est contre le bon sens que l'Autheur de l'Avertissement compare les Pieces de Melodie de la Viole à un homme qui joüeroit de l'Orgue ou du Clavecin d'une main seulement, ajoûtant que l'un seroit aussi agreable que l'autre : J'en laisse le Jugement au Lecteur.

Chapitre II.
Du Jeu d'Harmonie.

LE Jeu des Pieces d'Harmonie est un Jeu dont les Parties remplissent agreablement l'oreille, quand elles sont bien menagées dans la Composition, & bien touchées dans l'execution.

Ce Jeu demande une grande disposition, & beaucoup d'exercice.

Pour la Science, si l'on veut joüer par Musique, il suffit de la sçavoir passablement ; parce que ce sont des Pieces d'estude que l'on n'est pas obligé de joüer à l'ouverture du Livre, outre que l'exercice fortifie de plus en plus ; cependant mieux on sçaura la Musique, & plus on aura de facilité d'aprendre les Pieces d'Harmonie. Mais si on ne sçait pas la Musique, & qu'on ne veule pas se donner la peine de l'aprendre, on peut se servir de la Tablature qui est facile à concevoir, & qui a encore cét avantage par-dessus la Musique, que les Unissons doubles & simples y sont plus faciles à connoistre, & embarrassent moins dans l'execution. Mais il faut dire aussi que la Musique a cét avantage par-dessus la Tablature que l'on peut trouver toutes sortes d'Airs & de Pieces en Musique, & non pas en Tablature: Que celuy qui joüe par Musique peut joüer par Tablature quand il voudra, & ce qui est beaucoup plus considerable est que par la Musique l'on connoist les differents Modes, & les lieux où il faut appuyer & trembler les Cadences en toutes sortes de Modes, ce que l'on ne peut connoistre par la Tablature, & qui est d'une tres-grande consequence, outre que par la Tablature on ne peut jamais apprendre à composer aucune Piece, ny distinguer les Tons Naturels des Transposez, & l'on ne peut jamais joüer en Concert, particulierement avec des Voix.

Pour composer des Pieces d'Harmonie quatre choses sont necessaires. Premierement il faut sçavoir parfaitement la Composition : En second lieu il faut posseder parfaitement le Manche de la Viole : En troisiéme lieu il faut connoistre le caractere de l'Instrument : Et en quatriéme & dernier lieu, il faut avoir du genie & du bon goût.

Pour la Composition il est facile d'en apprendre les Regles. Au regard du Manche il est facile à connoistre, suivant les Figures que nous avons veuës, & l'on peut comprendre quel est le caractere de la Viole ; mais le genie & le bon goût sont des dons naturels que l'on ne peut apprendre par Regles, & c'est par leur moyen que l'on pratique les Regles, & que l'on prend des licences si à propos que l'on plaist toûjours; car plaire c'est avoir du genie & du bon goût: Cependant l'Autheur de l'Avertissement crie fortement contre ceux qui se bornent au seul but de plaire; parce que, dit-il, *on a de tout temps plus aimé le mal que le bien* : mais il me semble que cette raison morale est fort mal appliquée, & qu'il est vray de dire qu'on ne doit avoir d'autre but que de plaire; car quand on ne plaist pas, c'est une marque évidente que l'on n'a point de genie, ny de bon goût.

Les Pieces d'Harmonie demandent que l'on observe regulierement *les Tenuës* de bien-séance, mais particulierement *les Tenuës* d'Harmonie, qui sont tres-necessaires, pour les raisons que nous avons dit; cependant on n'est pas obligé de les pratiquer avec tant de severité, qu'on ne puisse quelquefois s'en dispenser, en faveur de quelque chose qui soit plus considerable.

Neantmoins l'Autheur de l'Avertissement dit, qu'il n'est jamais permis de se licentier à l'égard *des Tenuës*, & que l'on doit éviter tous les endroits qui demandent qu'on les observe, lors qu'on ne peut le faire.

Je réponds à cela qu'il est vray que toutes choses ne subsistent que par l'ordre, & que si-tost qu'il cesse, la confusion prend sa place, & qu'ainsi toutes les personnes qui sont regulieres dans leurs actions & dans leurs ouvrages sont fort loüables, & que l'on ne sçauroit trop les imiter; mais aussi il est certain qu'une regularité trop severe est insuportable, particulierement quand il s'agit d'une chose qui n'est pas de la derniere importance : car les Livres sacrez & prophanes nous apprennent qu'il est quelquefois permis, & mesme necessaire de passer par-dessus les Regles ordinaires, parce que les Regles sont faites pour l'homme, & non pas l'homme pour les Regles. Suivant ce principe j'avouë, & tous les Maistres generalement en démeurent d'accord, que pour joüer d'un Instrument qui fait Harmonie il est necessaire d'observer *les Tenuës*, & que ceux qui ne les observent pas ne sçavent pas parfaitement leur profession ou la negligent: mais de dire que cette regularité doive estre si exacte & si severe qu'on ne puisse jamais passer par-dessus en faveur du beau Chant, ou de quelque beau Trait, c'est ce qui ne se peut soûtenir, & qui est contre l'usage de tous les Arts, où il est quelquefois permis de prendre des licences, pourveu que ce ne soit pas sans necessité, & sans la payer par quelque chose de beau, qui fasse connoistre que la chose est faite avec dessein; n'est-ce pas aussi ce que nous voyons tous

DE LA VIOLE.

les jours dans les Pieces des Compositeurs de Musique, tant pour la Vocale, que pour l'Instrumentale, particulierement des Italiens, où ils prennent des licences qui nous surprennent agreablement, & passent par-dessus les Regles les plus essentielles de la Composition à nostre admiration; & pourquoy nous gesnera-t'on dans des Regles qui sont infiniment moins considerables que les Regles de la Composition. De plus si l'on examine que celuy qui jouë de la Viole n'a que quatre doigts à placer, & que l'accord de la Viole est fort sterile, on cõnoistra la necessité où il est de se licentier en faveur du beau Chant, en passant par-dessus quelques *Tenuës* dont on peut souvent étoufer le Son, & sans quoy le Jeu sera sans goût & sans agrément, comme il est facile d'en juger, par les Pieces de ceux qui prennent des licences avec esprit, & de ceux qui ne veulent pas qu'on en prenne.

Cela, & l'experience journaliere nous font bien connoistre que dans les Sciences, dans les Arts, & dans les Mechaniques il y a des personnes dont le genie est si borné, que si-tost qu'elles ont acquis une connoissance & une experience cõmune, elles s'imaginent estre parvenuës au plus haut degré de perfection, & qu'il est impossible de passer outre; ce qui fait qu'elles se bornent dans ce qu'elles sçavent, & qu'elles condamnent en dernier ressort tout ce qui passe les Regles ordinaires.

Il y en a d'autres dont le genie n'a point de bornes, & qui plus ils avancent, plus ils découvrent de perfection à acquerir. Alors ces personnes se trouvant trop resserrées dans les Regles ordinaires, prennent l'essort, & font quelquefois des saillies par-dessus avec des succez si heureux, qu'ils sont admirez de tous les gens de bon goût.

Audaces fortuna juvat timidosque repellit.

Mais ces saillies & ces licences doivent estre pratiquées avec esprit & avec prudence, & l'on doit toûjours en les pratiquant faire connoistre, comme nous avons dit, que ce n'est pas sans dessein qu'on les pratique.

J'ajoûte encore à cecy, que mal à propos l'Autheur de l'Avertissement nous veut donner le Luth, le Thuorbe, & la Guitarre pour modelle, afin de nous obliger à la pratique *des Tenües*, preferablement à tout ce que l'on peut faire de plus considerable, puis que la Viole ne connoist que la Voix au dessus d'elle, & que son but doit estre d'imiter son unique modelle dans la beauté du Chant, & de ses agrémens, qui sont preferables à toutes *les Tenües* qui voudroient s'y opposer.

CHAPITRE

Chapitre III.
Du Jeu de s'accompagner.

LE Jeu de s'accompagner soy-même est fort agreable, & il satisfait beaucoup l'oreille, quand on sçait bien conduire sa Voix, & toucher la Basse agreablement.

Pour s'en bien acquiter il faut non-seulement sçavoir la Musique ; mais il faut encore avoir l'oreille bonne, & sçavoir goûter les accords que font ou que doivent former la Voix & la Viole afin de les fraper à propos, car il n'y a rien de plus desagreable que d'entendre une Voix & un Instrument qui traisnent l'un aprés l'autre, & qui ne frapent pas dans le mesme temps. On ne doit pourtant pas s'estonner si dans les commencemens on ne s'en acquite pas avec toute la perfection que ce Jeu demande, le temps & l'exercice forment l'oreille & le goût de ceux qui ont de la disposition.

Ce Jeu demande que l'on observe non-seulement *les Tenües* de bien-séance, mais aussi quelquefois *les Tenües* d'Harmonie, lors qu'on s'apperçoit qu'en levant le doigt cela causeroit un mauvais effet contre le Dessus.

Chapitre IV.
Du Jeu de l'accompagnement.

LE Jeu de l'accompagnement pour les Concerts de Voix & d'Instruments est le plus necessaire de tous les Jeux; parce qu'il est le fondement de l'Harmonie.

Ce Jeu demande que l'on sçache la Musique à fond; & que l'on possede le Manche de la Viole parfaitement dans les Tons transposez, aussi bien que dans les naturels : car il ne s'agit pas icy de joüer des Pieces estudiées, mais de joüer à l'ouverture du Livre tout ce que l'on peut presenter, & de sçavoir transposer en toute occasion, & sur toutes sortes de Tons.

Ce Jeu demande encore beaucoup d'esprit & d'application, parce qu'il faut connoistre sur le champ, & distinguer les differents mouvemens qu'il faut prendre, & les passions qu'il faut exprimer; & c'est ce qu'on appelle ordinairement entrer dans l'esprit de la Piece.

A ce mot de mouvement il y a des gens qui s'imaginent que donner le mouvement, c'est suivre & garder la mesure, mais il y a bien de la difference entre l'un & l'autre, car on peut joüer de mesure sans entrer dans le mouvement, parce que la mesure dépend seulement de la Musique; mais le mouvement dépend du genie & du bon goût, & l'on peut dire qu'il y a autant de différence entre un homme qui ne s'attache qu'à la mesure & celuy qui accompagne de teste, qu'il y en a entre celuy qui lit & celuy qui déclame, c'est pourquoy les personnes qui n'ont pas une assez grande disposition pour les Pieces d'Harmonie, & qui aiment le Concert, peuvent apprendre l'accompagnement en perfection, si elles sçavent la Musique, & si elles ont du genie; parce que l'execution n'en est pas si difficile que des Pieces par accords.

Je ne sçay pas si c'est dans cét esprit, qu'une personne parlant de l'accompagnement dit par tout qu'il ne faut qu'un doigt pour s'en bien acquiter; je le croirois ainsi si elle avoit ajouté qu'avec ce doigt il faut une bonne teste, & cela s'entendroit qu'il faut plus d'esprit que de main pour bien accompagner, mais le mépris qu'elle fait de ce Jeu, & la maniere avec laquelle elle s'en acquite, fait bien voir qu'elle est fort éloignée de cette pensée, & du genie de l'accompagnement.

Il faut que celuy qui accompagne n'ait aucune maniere de joüer qui soit affectée, car il n'est rien de plus contraire à l'esprit de l'accompagnement & du Concert, que d'entendre une personne qui ne jouë que pour se faire paroistre: c'est une maniere qui n'est bonne que quand on jouë seul; c'est pourquoy il faut sur tout estre attentif à écouter les autres Parties, afin de fraper les accords bien à propos.

Le Jeu de l'accompagnement doit estre un Jeu lié avec de grands coups d'Archet qui succedent les uns aux autres sans interruption de Son, comme un Tuyau d'Orgue, autant qu'on le peut, en poussant le Son, & l'adoucissant suivant que les Voix ou les Instruments le demandent, particulierement dans les Pieces graves, & dans les Pieces tendres, & non pas par sauts & par bonds, & avec des coups d'Archet secs & entre-coupez. Il faut cependant remarquer qu'il y a des mouvemens qui veulent estre beaucoup marquez, & c'est dans la distinction qu'il en faut faire que paroist l'esprit de l'accompagnement; mais pour cela il ne faut pas gourmander l'Instrument, qui veut estre traité à peu prés comme on traite un Cheval; car si on le gourmande trop il prend le mord aux dents & n'obeït point, au contraire si on l'excite avec moderation on en tire tout le service que l'on peut souhaiter. De mesme quand la Viole est gourmandée elle rend beaucoup moins de Son, & souvent ne fait qu'un bruit d'esagreable, au lieu que si on l'anime sans forcer l'Archet, elle rend un beau Son qui satisfait. On doit observer la mesme chose dans tous les Jeux.

Il faut encore remarquer qu'on ne doit pas traiter toutes les Violes d'une mesme maniere : car une Viole montée de chordes menuës veut des coups d'Archets plus ménagez que si elles estoiét plus grosses, & au regard du corps de l'Instrument, s'il a un grand Son il le faut aussi ménager, afin de ne pas couvrir les autres Parties, particulierement dans les Recits qu'il faut seulement soûtenir & non pas engloutir : mais si l'Instrument a peu de Son, il en faut tirer tout ce que l'on peut pour soûtenir les autres Parties ; car quand l'accompagnement de la Viole, qui est le fondement de l'Harmonie est trop foible, le Concert ne fait point son effet : c'est pourquoy il faut prendre garde de proportionner son Jeu au nombre de ceux qui accompagnent, afin que l'accompagnement ne soit ny trop fort ny trop foible.

L'esprit & la science de l'accompagnement va encore plus loin, lors qu'on est obligé d'accompagner d'oreille une Voix qui ne sçait pas chanter de mesure ; car alors si on s'attache seulement à la valeur ordinaire des Notes, on ne frapera que rarement & par hazard les accords qui doivent convenir avec le Sujet, & l'on peut dire en cette occasion que la Composition n'y est pas inutile.

L'esprit de l'accompagnement demande encore que si l'on fait quelque agrément sur une certaine disposition de Chant, & que la mesme disposition se rencontre en suite sur d'autres degrez par maniere de Fugues ou imitation de Chant, il faut faire les mesmes agrémens que l'on a fait sur la premiere disposition.

L'esprit de l'accompagnement veut enfin que si on entend le Dessus faire quelque agrément ou quelque trait sur une certaine disposition de Chant, la Basse doit aussi le faire quand elle imite la mesme disposition du Chant, afin que le Concert se fasse dans un mesme esprit.

Chapitre V.

Du Jeu que l'on appelle travailler sur un Sujet.

CE Jeu de travailler sur un Sujet est tres-peu en usage, à cause qu'il est tres-difficile, & qu'il n'y a que les hommes rares qui le pratiquent, comme ont fait Monsieur Maugard, & le Pere André Benedictin, dont nous avons parlé, & comme font encore à present les Maistres extraordinaires. Ce Jeu demande plus de science, plus d'esprit, & plus d'execution que tous les autres : Il consiste en cinq ou six Notes que l'on donne sur le champ à un homme, & sur ce peu de Notes, comme sur un canevast, cét homme travaille remplissant quelquefois son Sujet d'accords en une infinité de manieres, & allant de diminutions en diminutions; tantost y faisant trouver des Airs fort tendres, & mille autres diversitez que son genie luy fournit; & cela sans avoir rien premedité, & jusqu'à ce qu'il ait épuisé tout ce qu'on peut faire de beau & de sçavant sur le Sujet qu'on luy a donné; c'est pourquoy pour arriver à la perfection de ce Jeu, il faut sçavoir parfaitement la Composition, avoir un genie extraordinaire, une grande vivacité & presence d'esprit, une grande execution, & posseder le Manche de la Viole en perfection.

Chapitre VI.
Du Dessus de Viole, & de son caractere.

LE Dessus de Viole renferme dans sa petitesse la mesme étenduë de la Basse de Viole, à la reserve de la 7me chorde; son accord est le mesme que celuy de la Basse, & la seule difference qu'il y a entre ces deux Instruments est l'elevation du Son, parce que le Dessus s'accorde une Octave plus haut que la Basse, c'est pourquoy ceux qui voudront en joüer pourront se servir du Manche que nous avons donné pour la Basse en trois Figures, afin de connoistre toutes les Notes qui se peuvent toucher sur le Dessus de Viole; comme aussi on pourra l'accorder de la mesme maniere que nous avons montré qu'il falloit accorder la Basse, mais il faut prendre garde que l'on doit plus avoir égard aux petites chordes pour les monter à un Ton raisonnable, qu'aux grosses dont on se sert rarement. La maniere de le tenir est entre les deux genoux, & la maniere de porter la main est comme celle de la Basse, excepté que le pouce ne doit pas estre placé vis à vis le doigt du milieu, mais plustost vis à vis le premier doigt.

Le Jeu de Melodie est son propre caractere, c'est pourquoy ceux qui veulent parvenir à bien joüer de cét Instrument doivent s'attacher à la delicatesse du Chant, pour imiter tout ce qu'une belle Voix peut faire avec tous les charmes de l'Art, comme le faisoit feu Monsieur LE CAMUS, qui excelloit à un point dans le Jeu du Dessus de Viole, que le seul souvenir de la beauté & de la tendresse de son execution efface tout ce que l'on a entendu jusqu'à present sur cét Instrument.

Il y faut pratiquer tous les agrémens dans toute leur étenduë, particulierement la Cadence avec appuy, & le Port de Voix qui sont les fondements du Chant, & l'on ne doit rien obmettre dans son Jeu de tout ce qui est capable de faire du plaisir à l'oreille par des traits tendres & bien nourris.

Il faut cependant éviter la profusion des passages, qui ne font qu'embarrasser le Chant, & qui en obscurcissent la beauté, & c'est ce qu'on appelle ordinairement faire des *Colifichets*; comme aussi il ne faut jamais pratiquer ces passages du haut en bas, & du bas en haut à coups d'Archet, ce que l'on nomme des *Ricochets*, & que l'on ne souffre mesme qu'avec peine dans le Jeu du Violon, mais il faut que tous les agrémens & les passages soient naturels, & pratiquez à propos, & avec esprit, suivant les Regles que nous allons donner pour le Jeu de la Basse.

Le coup d'Archet au Jeu du Dessus de Viole, doit estre reglé comme celuy de la Basse, c'est pourquoy on doit observer les mesmes Regles que nous donnerons cy-aprés, & prendre garde dans les mouvemens gays de trop marquer, afin de ne pas sortir de l'esprit du Jeu de l'Instrument, qui ne veut pas estre traité à la maniere du Violon, dont le propre est d'animer, au lieu que le propre du Dessus de Viole est de flater.

TROISIE'ME PARTIE.

Des Agrémens.

CHAPITRE PREMIER.

Les Agrémens font à la Voix & aux Instruments ce que les Ornements sont à un Edifice, & comme les Ornements ne sont pas necessaires pour la subsistance du Bastiment, mais qu'ils servent seulement à le rendre plus agreable à la veuë; ainsi un Air pour la Voix, & une Piece pour les Instruments peuvent estre reguliers quant au fond, qui pourtant ne satisferoient point l'oüye, s'ils n'estoient ornez des Agrémens convenables, & de mesme que la trop grande quantité d'Ornements produiroit une espece de confusion qui rendroit l'Edifice moins agreable; ainsi la confusion des Agrémens dans les Airs & dans les Pieces ne sert que pour en diminuer la beauté, c'est pourquoy comme dans l'Architecture on distribuë les Ornements avec Ordre & avec Regles, de mesme il faut pratiquer les Agrémens dans les Airs & les Pieces avec Ordre

& avec Regles, & comme la Voix les pratique parfaitement, c'est sur ce modelle que les Instruments se doivent conformer, & particulierement la Viole, qui imite mieux la Voix qu'aucun autre.

On peut dire encore que les Agrémens sont un Sel Melodique qui assaisonne le Chant, & qui luy donne le goût, sans lequel il seroit fade & insipide, & comme le Sel doit estre employé avec prudence, en sorte qu'il n'en faut ny trop, ny trop peu, & qu'il en faut plus dans l'assaisonnement de certaines viandes, & moins en d'autres: Ainsi dans l'usage des Agrémens il faut les appliquer avec moderation, & sçavoir discerner où il en faut plus, & où il en faut moins.

Les Agrémens ordinaires que la Voix pratique sont, la Cadence ou Tremblement, le Port de Voix, l'Aspiration, la Plainte, la Cheute, & la double Cadence.

La Viole doit pratiquer ces mesmes Agrémens, ausquels il faut encore ajoûter le Martellement, le Battement & la Langueur, qui ne sont point specifiez pour la Voix, parce qu'elle les pratique naturellement, mais il faut les specifier pour l'Instrument, parce qu'on ne les pratiqueroit pas autrement.

Chapitre II.
De la Cadence.

IL faut premierement remarquer que par le mot de Cadence j'entends le Tremblement, & que par celuy de Cadence finale j'entends la Cadence formée par le Chant des Notes, qui fait comme la Conclusion d'un Chant.

Il ya deux sortes de Cadence; Sçavoir la Cadence avec appuy, & la Cadence sans appuy.

La Cadence avec appuy se fait lors que le doigt qui doit trembler la Cadence, appuye un peu avant que de trembler, sur la Note qui est immediatement au dessus de celle qui demande une Cadence. Ainsi pour faire une Cadence sur le *Si*, il faut appuyer & trembler sur l'*Vt*; & pour faire une Cadence sur l'*Vt*, il faut appuyer & trembler sur le *Ré*. Et ainsi des autres.

Pour connoistre maintenant quand il faut pratiquer la Cadence avec appuy, & les autres Agrémens, il faut supposer d'abord le Signe Majeur ou de Quatre Temps, & regler tous les autres Signes sur celuy-là.

Chapitre III.
Quand il faut pratiquer la Cadence avec appuy.

Quand on descend d'une Note à une plus longue, comme d'une Croche à une Noire, A. d'une Noire à une Blanche, B. & quelquefois en descendant sur des Notes égales par degrez conjoints ou éloignez, & que la Cheute se fait sur la seconde Note d'un Semiton en descendant, comme *Mi*, *Si*, &c. C. ou celle qui est immediatement au dessous, comme *Ré*, *La*, & mesme sur ces mesmes Notes en mesme degré, D. on doit faire la Cadence avec appuy, cependant il faut remarquer qu'à l'égard des Notes en mesme degré, l'appuy doit estre fort leger, à moins que ce ne soit pour tomber sur une Cadence finale, & à l'égard des autres Notes que l'on doit appuyer, il faut toûjours regler l'appuy sur la valeur de la Note, & sur la mesure & le mouvement, qui ne doivent jamais estre alterez, sous aucun pretexte d'Agrément.

Quand on descend d'une Note bréve à une longue, & aussi sur un mesme degré, s'il suit une Note encore plus longue qui ne termine pas le Chant, & qu'elle soit la seconde Note d'un

Semiton en descendant, ou celle qui est immediatement au dessous, il faut porter la Cadence avec appuy sur cette plus longue. E.

Toute Note pointée en descendant dans la suite d'un Chant doit estre tremblée avec appuy, preferablement aux autres Notes, quand mesme elle ne seroit pas la seconde Note d'un Semiton en descendant, ou celle qui est immediatement au dessous. F.

La Penultiéme de toute Cadence finale, en descendant par degrez conjoints, demande la Cadence avec appuy. G.

Il n'est pas permis, ou il doit estre rare de faire deux Cadences de mesme espece de suite, sans qu'elles soient separées par quelqu'autre Agrément, ce qui se fait ordinairement par le moyen de l'Aspiration, ou de la double Cadence, comme nous verrons cy-aprés.

Il faut remarquer qu'on ne doit jamais faire aucun Agrément d'une Note à une autre, quand elles sont separées par quelque pause, & quand la premiere des deux fait une Cheute de Chant.

Exemples.

DE LA VIOLE. 79

Comme s'il y avoit.

CHAPITRE IV.

Pour l'appuy & le tremblement de la Cadence.

Nous avons dit cy-devant que pour appuyer & trembler la Cadence, il faut mettre le doigt sur la Note dont la situation est immediatement au dessus de celle qui demande une Cadence, mais comme dans les Cheutes d'Intervalles, il faut souvent appuyer la Cadence sur le *B Fa Si*, & sur l'*E Si Mi*, qui sont des degrez sujets au changement, suivant les differents Modes du ♭ mol & du ♯ carre, & mesme sur *A Mi La* dans les Tons transposez, qui changeant l'ordre de l'Intonation, changent en mesme temps l'ordre de l'appuy : Voicy les Regles pour le pratiquer exactement.

Dans les Pieces de Musique par ♭ mol il faut appuyer & trembler la Cadence d'*A Mi La* sur le Semiton de *B Fa Si*, & dans les Pieces par ♮ carre il faut appuyer & trembler la Cadence d'*A Mi La* sur le Ton entier de *B Fa Si*.

En *G Ré Sol* mineur, il faut appuyer & trembler la Cadence de *D La Ré* sur le Semiton d'*E Si Mi*, A. à moins que *D La Ré* ne soit precedé ou suivy d'une Note qui soit sur le Ton entier d'*E Si Mi*.

En *D La Ré* mineur, il faut appuyer & trembler la Cadence d'*A Mi La* sur le Semiton de *B Fa Si*, B. à moins que la Modulation du Chant ne tombe sur la Cadence finale d'*A Mi La*, ou de *C Sol Vt*; car alors il faut appuyer & trembler la Cadence sur le Ton entier de *B Fa Si*.

Quand une Note qui demande une Cadence est precedée ou suivie immediatement, ou à peu prés d'une Note marquée d'un ♭ il faut appuyer & trembler la Cadence sur le Semiton, C. & si elle est marquée d'un Dieze ou ♮ carre, il faut appuyer & trembler la Cadence sur le Ton entier. D.

Dans les Tons transposez par ♭ mol, quand on est obligé de trembler une Note, dont la superieure

perieure est dominée par un ♭, il faut appuyer & trembler la Cadence sur le Semiton. E.

Dans les Tons transposez par ♮ carre, quand on est obligé de trembler une Note, dont la superieure est dominée par un Dieze, il faut appuyer & trembler la Cadence sur le Ton entier. F.

En *C Sol Vt* mineur, il faut appuyer & trembler la Cadence de *G Ré Sol* sur le Semiton d'*A Mi La*, G. si ce n'est lors que la Modulation tombe sur la Cadence finale de *G. Ré Sol*, ou de *B Fa Si*; car alors il faut appuyer & trembler la Cadence sur le Ton entier.

EXEMPLES.

Il faut obferver tant pour la pratique de la Cadence, que des autres Agrémens qu'il faut regler fur la valeur des Notes, que leur figure ne montre pas toûjours leur jufte valeur, & que c'eft par les Signes que l'on doit connoiftre ce que chaque Note vaut; car dans l'Exemple fuivant, ces Notes quoy que de differentes figures ont cependant mefme valeur, à caufe des differents Signes.

Chapitre V.

Regles pour pratiquer la Cadence sans appuy.

LA Cadence sans appuy se fait comme la precedente, en retrenchant l'appuy.

La Cadence sans appuy se doit pratiquer lors que l'on monte d'une bréve à une longue sur la premiere Note d'un Semiton en montant A. ou celle qui est immediatement au dessous, particulierement quand elles sont pointées B. & mesme en descendant, lors que leur peu de valeur empesche l'appuy. C.

Quand on descend sur des Croches, dont la premiere fait la seconde partie d'un temps, il faut faire la Cadence sans appuy sur la seconde 4me 6me, &c. D. & quand elle fait la premiere partie d'un temps, il faut faire la Cadence sans appuy sur la 3me 5me 7me, &c. E.

Quand on monte sur des Croches, dont la premiere fait la seconde partie d'un temps, il faut faire la Cadence sans appuy sur la seconde F. & quand elle est la premiere partie d'un temps il faut faire la Cadence sans appuy sur la troisiéme, pourveu qu'elle soit la premiere Note d'un Semiton en montant, ou celle qui est immediatement au dessous. G.

Quand on descend sur des Noires égales, dont la premiere fait le premier ou troisiéme temps de la mesure, il faut faire la Cadence sans appuy sur la 3me 5me 7me, &c. H. ou si on y fait un appuy il doit estre fort leger, & quand elle fait le second ou quatriéme temps de la mesure, il faut faire la mesme Cadence sur la 2de 4me 6me, &c.

Quand on descend sur une Note longue qui demande une Cadence, il la faut faire sans appuy sur la seconde partie de sa valeur, particulierement dans l'accompagnement. I.

EXEMPLE.

Dans tous les mouvemens legers la Cadence se doit faire sans appuy.

DE LA VIOLE.

Ceux qui voudront sçavoir plus au long les Regles de la Cadence & du Port de Voix dont nous allons parler, trouveront dans ma Methode pour la Musique dequoy les satisfaire.

Chapitre VI.

Regles pour la pratique du Port de Voix.

LE Port de Voix se fait en donnant deux coups d'Archet differents sur une Note, & laissant tomber le doigt sur la Note suivante environ à la moitié du coup d'Archet.

Quand on monte par degrez conjoints d'une bréve à une longue il faut faire le Port de Voix, particulierement quand on procede par Intervalle de Semiton, comme du *Mi* au *Fa*, &c. Alors il faut tirer, & en suite pousser sur le *Mi*, & à la moitié du poussé on met le doigt sur le *Fa*, selon que la mesure le permet. A.

On peut quelquefois faire le Port de Voix sur des Notes égales en valeur, particulierement quand on procede par Intervalle de Semitons, & quelquefois mesme par Intervalle de Tons, pourveu que la Note suivante descende, & que la Mesure & le Mouvement n'en soient point alterez. B.

86 TRAITÉ

Au Signe de quatre temps la Cheute du Port de Voix doit toûjours tomber sur le premier, C. ou sur le troisiéme temps de la mesure, D. soit d'une bréve à une longue, ou sur des Notes égales.

Aux Signes de trois temps le Port de Voix doit tomber sur la premiere Note de la mesure. E.

Aux Signes de deux temps le Port de Voix peut tomber quelquefois sur le second temps de la mesure, mais ordinairement il tombe sur le premier temps. F.

Quand la Cadence finale se fait par degrez conjoints, & que la Note penultiéme est moindre en valeur qu'une Noire, & quelquefois mesme valant une Noire, si cette Cadence se termine en montant, on la doit toûjours finir par un Port de Voix. G.

EXEMPLE.

DE LA VIOLE.

Comme s'il y avoit.

CHAPITRE VII.
Regles pour la pratique du Martellement. (MORDENT)

LE Martellement se fait, lors que le doigt touchant une Note bat d'abord deux ou trois petits coups plus serrez & plus pressez que la Cadence, & qu'il demeure en suite sur la Touche.

Le Martellement est toûjours inseparable du Port de Voix, car le Port de Voix se doit toûjours terminer par un Martellement. C'est un agrément que la Voix fait naturellement par une petite agitation du gozier, en terminant le

Port de Voix, c'eſt pourquoy les Inſtruments doivent l'imiter.

Le Martellement ſe fait ordinairement ſur la ſeconde Note d'un Semiton en montant, comme *Fa, Vt*, &c. particulierement quand on monte d'une bréve à une longue. A. B.

Au Signe de quatre temps, quand on jouë des Croches égales, le Martellement ſe doit faire ſur la premiere partie d'un temps en montant, C. & remarquer qu'en deſcendant il n'eſt pas ſi ordinaire. Quand on jouë des Noires égales, il le faut faire ſur le premier & troiſiéme temps de la Meſure. D.

Au Signe de deux temps ſur des Noires égales, il faut faire le Martellement ſur la premiere partie d'un temps en montant E, & ſur des Croches il le faut faire ſur la premiere & troiſiéme partie d'un temps.

Au Signe de trois temps le Martellement ſe doit faire ſur le premier temps de la Meſure, quand ce ſont des Noires F, mais au regard des Croches, il le faut faire ſur la premiere partie d'un temps. G.

Quand on touche l'Uniſſon double, il faut autant que la Meſure & le Mouvement le permettent, faire le Martellement du doigt qui tient l'Uniſſon de la chorde à l'ouvert, appuyant un autre doigt à la Touche prochaine du coſté

DE LA VIOLE.

du Sillet; car le Martellement ne se doit faire que de l'Intervalle d'un Semiton en ce rencontre, & tout au plus de l'Intervalle d'un Ton en toute autre occasion, & jamais on ne doit le faire d'un plus grand Intervalle. H.

Le Martellement de l'Intervalle d'un Semiton sur l'Unisson, se doit faire particulierement quand on tombe sur une Cadence finale de Basse, & quand on est obligé de faire une Tenuë un peu longue sur une Note où l'on peut prendre l'Unisson double. I.

Chapitre VIII.
Regles pour la pratique de l'Aspiration.

L'Aspiration se fait lors qu'à la fin d'une Note on laisse tomber le doigt sur la Note, dont la situation est immediatement au dessus d'elle, du mesme coup d'Archet, & sur laquelle Note le coup d'Archet se doit terminer tout d'un coup.

L'Aspiration se doit pratiquer à la fin de la Note, qui est immediatement devant celle où l'on veut faire la Cadence avec appuy, lors que la Mesure le permet. A.

Quand on veut faire la Cadence, ou double Cadence en montant par degrez conjoints, il faut faire l'Aspiration à la fin de la Note precedente, si la Mesure le permet. B.

Quand on veut faire le Martellement sur une Note, & la Cadence ou la Cheute sur celle qui la suit, le Martellement n'empesche point qu'on ne fasse l'Aspiration à la fin de la mesme Note, où l'on fait le Martellement. C.

On fait quelquefois deux Aspirations de suite sur deux Notes consecutives : mais il faut qu'il se trouve une Cadence, ou une Cheute entre deux qui les separe. D.

On ne doit jamais faire d'Aspiration, que ce ne soit à dessein de faire en suite la Cadence, ou la Cheute.

Quand on fait la Cadence sur une Note qui est la Seconde d'un Semiton en descendant, & que la Note suivante monte d'une Tierce, il faut finir la Cadence par une Aspiration. E.

L'Aspiration se doit faire souvent quand on monte par Tierces, particulierement Mineures, & c'est à la fin de la premiere Note de la Tierce qu'il faut faire l'Aspiration. F.

On doit faire l'Aspiration lors que de la Seconde Note d'un Semiton en descendant, on tombe par une Cheute de Tierce sur une Note diezée ; alors l'Aspiration se doit faire à la fin de la premiere Note sur le Semiton. G.

L'Aspiration se peut souvent faire au lieu de la double Cadence en descendant, ou sur le mesme degré.

Quand on jouë des Airs de Melodie, où il y a des paroles, il ne faut jamais faire l'Aspiration, ny autre Agrément sur les Syllabes bréves.

Comme l'Aspiration se doit toucher sur la Note qui est immediatement au dessus de celle que l'on touche, & qu'il la faut toucher tantost sur le Semiton, & tantost sur le Ton entier, il faut observer les mesmes Regles que nous avons marqué pour l'appuy, & le tremblement de la Cadence.

TRAITÉ
EXEMPLE.

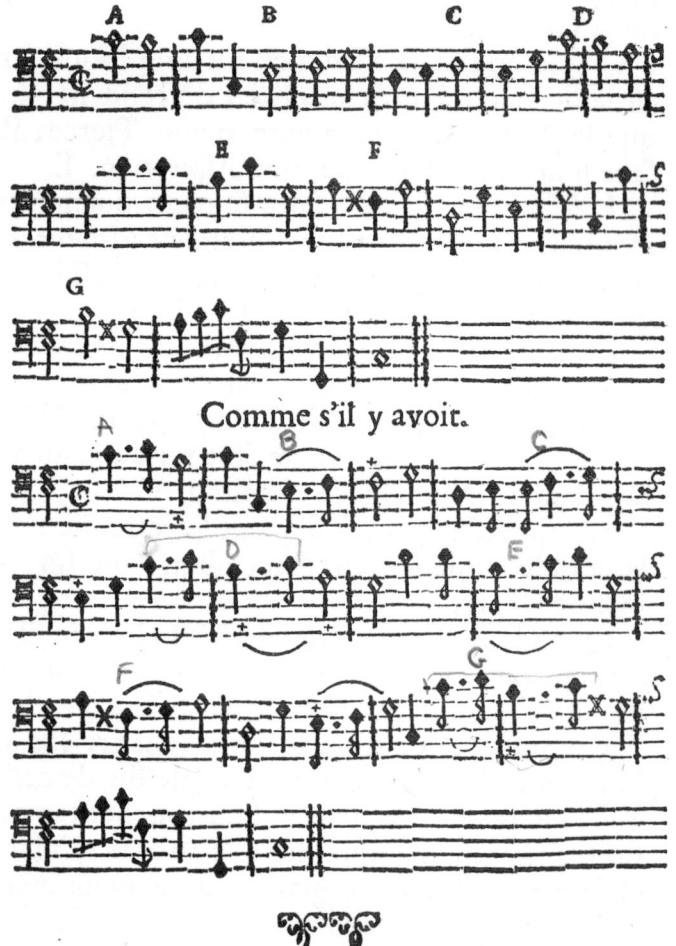

Comme s'il y avoit.

Chapitre IX.
Regles pour la Pratique de la Cheute.

LA Cheute se fait lors que descendant par Intervalle de Tierce, on touche en passant du second coup d'Archet la Note dont la situation est entre les deux qui font la Tierce.

La Cheute se fait quand on descend d'une Tierce, lors qu'on ne veut pas, ou qu'on ne doit pas faire la Cadence sur la Note de la Tierce qui fait la Cheute. A.

On peut sur une mesme Note faire la Cheute & la Cadence sans appuy, & c'est lors que la Note qui fait la Cheute de la Tierce est longue, & que la Note descend par degrez conjoints, & mesme par Intervalle de Tierce; alors il faut aprés la Cheute faire la Cadence sans appuy, & en suite la seconde Cheute. B.

La Cheute se peut faire quelquefois sur des Notes en mesme degré, & c'est ordinairement sur la plus longue. C.

On ne doit jamais faire de Cheute, lors que la premiere Note de la Tierce est la fin d'une periode de Chant, & lors qu'entre les deux Notes qui font la Tierce il y a quelque pause.

Toutes les Tierces en descendant qui sont Majeures, comme *Mi Vt*, *La Fa*, *Si Sol*, demandent une Cheute, parce qu'il ne les faut jamais trembler D. à moins que la Note qui suit la seconde de la Tierce ne descende.

Nous avons dit dans les Regles de la Cadence, qu'il la faut faire quand on descend d'une bréve à une longue sur la Note qui est immediatement au dessous de la seconde Note d'un Semiton en descendant, & mesme quand elles sont égales, & que la Mesure le permet, cependant il faut observer que quand on descend sur des Notes égales, & mesme d'une bréve à une longue, sur la Note qui est immediatement au dessous de la seconde Note d'un Semiton en descendant, & que le Chant se termine dessus, il faut seulement faire la Cheute. E.

La Cheute se fait quelquefois lors qu'on descend par Intervalle de Quarte, & c'est lors que l'on tombe de la premiere Note d'un Semiton en descendant, comme *Fa*, *Vt*, sur une Note marquée d'un Dieze ou d'un ♮ carre, sans faire de Cadence, cette sorte de Cheute est fort touchante, & propre pour les Airs tendres & languissans, elle se fait en touchant en passant la Note, qui est immediatement au dessus de celle qui fait la Cheute de la Quarte, & du mesme coup d'Archet. F.

DE LA VIOLE.

La Cheute au lieu de la Cadence, sur les Notes marquées d'un Dieze & autres Feintes fait un bel effet, particulierement en montant, il se fait anticipant la Note qui est immediatement au dessus de la Note diezée, & la coulant du mesme coup d'Archet, son caractere est semblable à celuy de la precedente. G.

Quand deux Notes descendent par degrez conjoints, dont la seconde demande une Cadence, & qu'on se veut dispenser de la faire pour flater davantage le Jeu, il faut à la fin de la premiere Note faire l'Aspiration, & en suite la Cheute sur la seconde. H.

La Cheute se fait aussi quelquefois en pareille rencontre sans Aspiration. I.

Dans les Pieces ou le mouvement veut estre beaucoup marqué, il ne faut point faire de Cheute.

Comme pour faire la Cheute il faut toucher la Note dont la situation est entre les deux qui font la Tierce, & qu'il la faut toucher tantost sur le Ton, & tantost sur le Semiton, il faut pour la pratiquer exactement, observer les mesmes Regles que nous avons marqué pour l'appuy de la Cadence.

TRAITÉ

EXEMPLE.

Comme s'il y avoit.

CHAPITRE

Chapitre X.
Regles pour la pratique de la double Cadence.

LA double Cadence se fait en plusieurs manieres, tant en montant qu'en descendant, comme on le voit par l'Exemple suivant.

Celles qui se font en descendant sont de trois manieres differentes, cependant la difference n'en est pas grande; c'est pourquoy il est libre à celuy qui jouë de mettre en usage celle qu'il voudra, en la reglant sur la valeur de la Note.

Des trois manieres de doubles Cadences qui se font en descendant, il y en a deux plus doubles que l'autre; elles se pratiquent ordinairement sur la premiere Note d'un Semiton en descendant, comme *Vt*, *Fa*, quand la valeur de la Note le permet; & l'on ne la precede jamais de la Cadence avec appuy, ou sans appuy. A. F.

On pratique aussi ces deux mesmes manieres de doubles Cadences sur la seconde Note d'un Semiton en descendant, comme *Mi*, *Si*; mais elles sont ordinairement precedée de la Cadence avec appuy, quand elles se font en descendant, & sans appuy en montant.

La troisiéme maniere de double Cadence, qui est la moins double, se pratique sur les mesmes Notes que les autres, lors que la valeur de la Note ne peut souffrir que celle-là. B.

On pratique deux sortes de doubles Cadences en montant, dont l'une est plus double que l'autre.

Toutes deux se pratiquent quand il se rencontre une espece de Cheute de Chant en montant, & c'est ordinairement sur la penultiéme Note de la Cheute du Chant qu'on les pratique. C.

La plus double se pratique ordinairement dans les Pieces d'Harmonie & de Melodie, par autant de coups d'Archet qu'il y a de Notes qui la composent; mais dans les Jeux d'accompagnement il la faut passer d'un seul coup d'Archet. D. La seule difference qu'il y a entre les deux sortes de doubles Cadences en montant, ne consiste que dans la valeur de la Note ou on la fait; car si elle est longue on fait la plus double, & si elle est bréve on fait la moins double. C.

Il faut remarquer que quand la Note est beaucoup longue, on ne fait la double Cadence que sur la seconde partie de sa valeur F, & que la double Cadence en montant doit toûjours estre precedée de la Cadence sans appuy.

Il y a encore une autre sorte de double Cadence, que l'on appelle double Cadence ren-

DE LA VIOLE.

versée, on la pratique au lieu de la double Cadence en montant, lors que la disposition de la main ne permet pas de faire autrement, elle doit estre precedée quelquefois de la Cadence sans appuy, & quelquefois avec appuy, lors que la valeur de la Note & le Chant le permettent, & non autrement. E.

La Cadence finale qui se fait en descendant par degrez conjoints ou éloignez, & mesme en montant, doit estre precedée de la double Cadence, suivant les Regles cy-devant, autant que la Mesure & la disposition de la main le permettent. G. ou tout au moins de la Cadence avec appuy, ou sans appuy.

EXEMPLE.

Comme s'il y avoit.

CHAPITRE XI.
Du Batement, de la Langueur, & de la Plainte.

LE Batement se fait lors que deux doigts estant pressez l'un contre l'autre, l'un appuye sur la chorde, & le suivant la bat fort legerement.

Le Batement imite une certaine agitation douce de la Voix sur les Sons; c'est pourquoy on le pratique en toutes rencontres quand la valeur de la Note le permet, & il doit durer autant que la Note.

La Langueur se fait en variant le doigt sur la Touche. On la pratique ordinairement lors qu'on est obligé de toucher une Note du petit doigt, & que la Mesure le permet; elle doit durer autant que la Note. Cét Agrément est pour suppléer au Batement qu'on ne peut faire quand le petit doigt est appuyé.

La Plainte se fait en traisnant le doigt sur la chorde d'une Touche à l'autre prochaine en descendant sans le lever. Cét Agrément n'est propre que pour les Pieces de Melodie & d'Harmonie; car dans l'Accompagnement on ne doit pas le pratiquer, ou ce doit estre rarement, & avec beaucoup de prudence & de connoissance dans des Chants languissans, afin qu'il n'en resulte aucun mauvais effet contre les autres Partïes. Cét Agrément se fait en procedant par Semi tons Majeurs & Mineurs: Il est fort touchant & patetique, parce qu'il touche en passant les degrez Enharmoniques.

Ces trois sortes d'Agrémens ne peuvent estre connus par Demonstration sur le papier, par aucune disposition des Notes.

Il y a plusieurs Traits agreables & utiles, que l'on doit pratiquer pour la perfection du Jeu de la Viole: mais il seroit difficile d'en donner des

Regles certaines; comme aussi d'en acquerir la Pratique sans le secours d'un Maistre.

Chapitre XII.
Regles pour la Pratique de l'Vnisson, de la Tenuë, & de la Liaison.

L'Unisson est un supplément pour éviter les chordes à l'ouvert, pour mieux porter la main, & pour l'occuper.

Il y a deux sortes d'Unissons; Sçavoir l'Unisson double, & l'Unisson simple.

L'Unisson double se fait en touchant deux chordes qui rendent le mesme Son, l'une estant touchée avec le doigt, & l'autre à l'ouvert.

L'Unisson double se pratique autant de fois qu'on le peut, sans alterer la Mesure, & sans forcer la main pour fournir double Harmonie de Son, particulierement aux Cadences finales qui tombent à l'ouvert, il fait un fort bel effet dans l'Accompagnement.

L'Unisson simple se fait en touchant une chorde seule, dont le Son ainsi touché avec le doigt fait Unisson avec un autre, qu'il faudroit aussi toucher, & mesme à l'ouvert.

L'Unisson simple se pratique autant de fois que la disposition de la main le permet, pour rendre le Son plus uny; parce que les differents Sons d'une mesme chorde touchée avec les doigts sont plus égaux, que si l'on touchoit les mesmes Sons sur deux chordes differentes.

Les Unissons doubles & simples doivent estre pratiquez particulierement dans l'Accompagnement.

Quand l'Unisson est accompagné de la Langueur, il doit toûjours estre simple.

La Demonstration des Unissons doubles & simples est dans le Manche de la Viole, dont nous avons donné quatre Figures.

De la Tenuë ⌒ & de la Liaison. ⌣

La Tenuë consiste à faire deux ou plusieurs Notes d'un seul coup d'Archet, comme s'il n'y en avoit qu'une qui eût la valeur de toutes celles qui sont renfermées dans la Tenuë, quand elles sont sur un mesme degré; cependant cette Regle n'est pas d'une necessité absoluë, parce que souvent la longueur de l'Archet ne suffiroit pas, il faut seulement prendre garde, quand on change le coup d'Archet à la moitié d'une Tenuë, de le marquer le moins que l'on peut, pour suivre l'esprit de l'Autheur de la Piece. C'est particulierement dans l'Accompagnement que cela veut estre observé.

La Liaison consiste à couler d'un seul coup d'Archet toutes les Notes qui sont renfermées dedans, & c'est dans les Pieces de Melodie &

d'Harmonie qu'il l'a faut observer : Il faut remarquer que dans les Airs qui sont faits pour chanter, les Croches & doubles Croches n'ont point d'autres Liaisons que celles qui les lient par la queuë, & qu'on ne les doit observer sur la Viole, qu'autant que l'esprit du Chant le demande, & que le coup d'Archet le permet. Cela se doit observer particulierement dans l'Accompagnement.

Chapitre XIII.
Les Proprietez des Agrémens.

LA Cadence avec appuy & sans appuy est propre pour tous les Jeux differents de la Viole : Dans les Airs tendres & languissans il la faut flater, & dans les Airs gays il la faut animer. Mais il faut observer que l'appuy de la Cadence dans l'Accompagnement doit estre souvent fort leger, pour éviter les mauvais effets qu'il feroit contre les autres Parties : Dans les Airs de Melodie, & les Pieces d'Harmonie, on doit observer l'appuy autant que la Mesure & le Mouvement le permettent; on le doit aussi observer de mesme, soit seul, soit en Partie. Et au regard du Jeu de s'accompagner, quand on chante le Dessus, on peut aussi pratiquer l'appuy de la mesme maniere, pourveu qu'on le proportionne en sorte qu'il ne fasse aucun mauvais effet.

Le Port de Voix est aussi propre pour tous les Jeux differents de la Viole. Dans l'Accompagnement il faut beaucoup le menager, & le pratiquer dans tous les autres Jeux, suivant ce que nous avons dit de la Cadence.

Le Martellement est propre pour tous les Jeux differents de la Viole, & s'y doit pratiquer regulierement ; car il ne peut jamais faire aucun mauvais effet, si ce n'est qu'il fût trop frequent.

L'Aspiration est propre pour tous les Jeux differents de la Viole, elle fait un bel effet dans les Pieces tendres.

La Cheute est propre pour tous les differents Jeux de la Viole, & s'y doit pratiquer ponctuellement, elle rend le Jeu plus lié & plus doux. Dans les Chants tendres & languissants on la doit faire souvent au lieu de la Cadence, pour rendre le Chant plus patetique. Dans les Pieces de Musique qui expriment quelque chose d'épouventable & de terrible, elle se doit faire d'une maniere brusque & precipitée.

La double Cadence est propre pour tous les differents Jeux de la Viole, & fait un bel effet quand elle est bien menagée.

Le Batement est propre pour tous les differents Jeux de la Viole, & n'y peut jamais causer de mauvais effet.

La Plainte est un Agrément fort patetique; parce que, comme nous avons dit elle touche en passant les degrez Enharmoniques, elle est propre particulierement pour les Pieces de Melodie, & pour les Pieces d'Harmonie; comme aussi pour le Dessus de Viole seul & en partie: aux autres Jeux elle doit estre fort rare, c'est un Agrément que les seuls Instruments à Archet peuvent faire, elle se pratique aussi sur la Flûte: mais ce n'est pas avec tant de justesse & de regularité que sur la Viole; parce qu'il est plus facile de ménager son doigt, que son vent.

La Langueur est propre pour tous les differents Jeux de la Viole, & ne peut faire aucun mauvais effet, elle est fort agreable, particulierement dans les Pieces tendres.

Il faut observer que tous les Agrémens qui alterent la Mesure & le Mouvement, ne se doivent jamais pratiquer.

Dans les Mouvements legers & marquez, les Agrémens doivent estre rares.

Les Agrémens les plus doux & les plus naturels de ceux qui se font d'un Son à un autre, comme la Cadence, le Port de Voix, l'Aspiration & la Cheute, sont ceux qui se rencontrent dans l'estenduë d'un Semiton.

On peut faire plusieurs Agrémens sur une mesme Note, pourveu qu'ils soient de differentes especes.

QUATRIÉME PARTIE.

CHAPITRE PREMIER.

Regles pour le coup d'Archet.

SI la Viole touchée de la main gauche avec ses Agrémens est un corps, on peut dire que l'Archet en est l'ame, puisque c'est luy qui l'anime, & qui exprime toutes les passions qui conviennent avec la Voix, & qui marque les differents mouvements du Chant; c'est pourquoy il est d'une grande consequence de s'en servir avec ordre, & ce qui doit encore prouver cette necessité, est l'exactitude avec laquelle les Maistres marquent les coups d'Archet dans leurs Pieces.

De plus on sçait que c'est une des choses qui met de la difference entre la Viole & le Violon; parce que le coup d'Archet est tout opposé, & qu'il faut pousser sur la Viole ce que l'on tire sur le Violon, & qu'il faut pousser sur le Violon ce que l'on tire sur la Viole. La raison de cette difference, est qu'au Jeu de la Viole la force du bras est en poussant, & qu'au Violon elle est en tirant, à cause de la differente maniere de tenir ces deux Jnstruments, & c'est aussi pour cela qu'à la Viole on pousse les longues, & l'on tire les bréves ; ce qui se fait d'une maniere contraire au Violon.

Quelques Maistres veulent que pour le coup d'Archet on se regle sur les Notes de mesme valeur, dont le nombre est pair ou non pair. Quand il est pair ils veulent que l'on commence en poussant, & quand il est non pair ils veulent que l'on tire : Comme aussi lors que dans la suite du Jeu il se rencontre des Croches ou doubles Croches, dont la premiere se trouve en tirant, & dont le nombre est pair, ils veulent que l'on tire la premiere & la seconde, & s'il est non pair que l'on suive le coup d'Archet : mais comme le nombre de plusieurs Notes n'est pas toûjours facile à distinguer aussi promptement qu'il est necessaire, & que souvent ces Regles sont sujetes à quelqu'erreur, je trouve qu'il est plus seur, & mesme plus facile de se regler sur la valeur des Notes par rapport aux Temps & à la Mesure.

Au Signe Majeur, ou de quatre Temps, quand on trouve des Noires, dont la premiere est la premiere ou troisiéme partie de la Mesure il faut commencer en poussant, quand mesme le nombre des Notes de mesme valeur seroit non

DE LA VIOLE. 109

pair A, & si elle est la seconde ou quatriéme partie de la Mesure il faut tirer. B.

Au mesme Signe, quand on trouve des Croches, & que la premiere est la premiere partie d'un Temps il faut pousser C, & si elle est la seconde partie d'un Temps, il faut tirer. D.

Au mesme Signe, quand on trouve des doubles Croches, & que la premiere est la premiere ou troisiéme partie d'un Temps il faut pousser E, & si elle est la seconde ou quatriéme partie d'un Temps il faut tirer. F.

Quand dans la suite d'une Piece de Musique on rencontre des Croches en tirant, dont la premiere est la premiere partie d'un Temps il faut tirer la premiere & la seconde G, & si on rencontre des doubles Croches en tirant, dont la premiere est la premiere ou troisiéme partie de la Mesure, il faut pareillement tirer la premiere & la seconde H, cette Regle doit estre observée dans tous les Signes.

Quand dans la suite d'une Piece il se rencontre quelque Cheute de Chant, ou quelque Cadence finale, dont la derniere Note est assez longue pour reprendre le coup d'Archet, il en faut observer les Regles, comme si on commençoit la Piece. I.

Quand on coule une Octave, ou quelque Passage en tirant d'un seul coup d'Archet, il faut toûjours pousser la Note qui fait la Cheute de l'Octave ou du Passage. K.

Il faut icy remarquer qu'il y a de la difference entre couler deux Notes & les tirer. Quand on veut couler il n'y a que les doigts qui doivent agir, & l'Archet ne doit point quitter les chordes: mais quand on tire deux fois il faut soûlever l'Archet à la moitié environ de son coup, & le remettre aussi-tost en continüant le mesme coup, & non pas en recommençant à tirer.

Quand on trouve des Croches ou doubles Croches dont on est obligé de tirer la premiere & la seconde suivant la Regle cy-devant; Si le Mouvement est fort viste, il ne faut point lever l'Archet, mais les couler d'un seul coup.

Dans les Pieces de Musique ou le Mouvement est fort leger, on suit ordinairement le coup d'Archet, quand on a observé les Regles en commençant; car au regard de ce qui peut arriver dans la suite, on n'observe point les Regles dont nous avons parlé, à moins qu'on ne rencontre des Notes assez longues pour favoriser le coup d'Archet.

Au Signe de trois Temps, si la premiere Mesure est composée de trois Notes valant chacune un Temps, il faut commencer en tirant L. Et si la premiere vaut deux temps, où si elle est pointée, il faut commencer en poussant. M.

DE LA VIOLE.

Dans la suite quand la Piece est de Mouvement, & qu'il se marque sur la premiere Note de chaque Mesure sur des Notes qui valent chacune un Temps, si les deux premieres sont sur un mesme degré, il faut pousser la premiere & tirer les deux suivantes sans lever l'Archet; c'est à dire qu'il faut à la moitié du coup en marquer un second, en continuant le mesme coup. N. Mais si la premiere & la seconde de la Mesure sont sur differents degrez, il les faut pousser d'un seul coup; c'est à dire qu'à la moitié du Poussé il faut marquer la seconde Note en continuant le mesme coup. O. Cette Regle doit estre observée particulierement quand les Notes montent ou descendent par degrez conjoints, & il faut remarquer que j'entends parler des Pieces de Mouvement.

Au mesme Signe lors que le Mouvement ne se marque sur aucun Temps de la Mesure, & qu'il marche toûjours également, il faut suivre le coup d'Archet P, si ce n'est qu'il se rencontre quelques Pauses, ou quelque Cadence finale, ou enfin quelqu'autre Note assez longue pour favoriser le coup d'Archet sans interesser le Mouvement.

Au mesme Signe ou Triple de Mouvement, lors que l'on trouve une Note valant deux Temps au commencement de la Mesure dans la suite d'une Piece en tirant, s'il fuit une Note d'un feul Temps il la faut encore tirer; c'est à dire du mefme coup, en foûlevant un peu l'Archet, comme nous avons dit cy-devant. Q.

Au mefme Signe lors que chaque Mefure est meflée de Noires & de Blanches qui fincopent en levant, il faut fuivre l'Archet, & quand ce Meflange ceffe on recommence à obferver les Regles. R.

Au Signe de trois pour huit, il faut obferver le coup d'Archet fur les Croches, comme on l'obferve fur les Noires aux Signes de trois Temps.

Dans tous les Signes, quand on trouve une Noire ou Croche pointée en tirant, il faut tirer la fuivante du mefme coup, autant que la Mefure le permet, & remarquer que j'entends une Noire & Croche pointées au Signe de quatre Temps pour regler les autres valeurs de Notes aux autres Signes. S.

Au Signe de six pour quatre, il faut obferver les mefmes Regles du Signe de trois Temps, faifant deux Mefures d'une; c'est à dire qu'il faut obferver fur les trois premieres Noires de la Mefure les Regles du Triple, & recommencer à les obferver fur les trois fuivantes, le Mouvement fe marque ordinairement à ce Signe fur la premiere Note de chaque Mefure compofée de fix Noires.

Au

Au Signe de six pour huit, & dans tous les Mouvemens de Gigue, il faut suivre le coup d'Archet, quoy que souvent les Notes pointées se trouvent en tirant, il faut seulement observer qu'à ce mesme Signe, soit en Mouvement de Gigue ou non, lors qu'il se rencontre une Noire en tirant, qui est la premiere où troisiéme Note de la Mesure, il faut tirer du mesme coup la Croche suivante.

Aux Airs de Mouvement de la Mesure à deux Temps sur des Noires, il faut pousser la premiere partie du premier & du second Temps T, & si la Note qui commence la Mesure vaut un Temps, il faut tirer les deux suivantes d'un seul coup, & les marquer également V : mais si la premiere Note est la seconde ou quatriéme partie d'un Temps, il faut commencer en tirant. X.

Au Signe de quatre pour huit, il faut observer les Regles du coup d'Archet sur les Croches, comme on les observe sur les Noires aux autres Signes de deux Temps. Quand les Croches sont beaucoup meslées de doubles Croches, il faut suivre le coup d'Archet.

Dans tous les Signes ou le Mouvement n'est point marqué, & où il n'y a point de Cheute de Chant, il faut suivre le coup d'Archet sur les Notes égales, mais particulierement dans tous les mouvements vistes.

H

TRAITÉ

Quand on trouve une Note sincopée en tirant, il faut tirer la suivante du mesme coup, si ce n'est que cette suivante fût une seconde sincope; car alors il faudroit suivre le coup d'Archet. Cette Regle doit estre particulierement observée aux Airs de Mouvement. Y.

Au Signe de quatre Temps les Croches doivent estre touchées également; c'est à dire qu'il n'en faut pas marquer une: Mais au regard des doubles Croches il faut un peu marquer la premiere, troisiéme, &c.

Aux Signes de deux Temps, dans les Airs de Mouvement sur des Croches, il faut un peu marquer la premiere, troisiéme, &c. de chaque Mesure; mais il faut prendre garde de les marquer trop rudement.

Aux Signes de trois Temps sur des Croches, il faut un peu marquer la premiere de chaque Mesure, & suivre les autres également: Il faut observer la mesme chose au triple double sur les Noires, aux Airs de Mouvement.

EXEMPLE.

DE LA VIOLE. 115

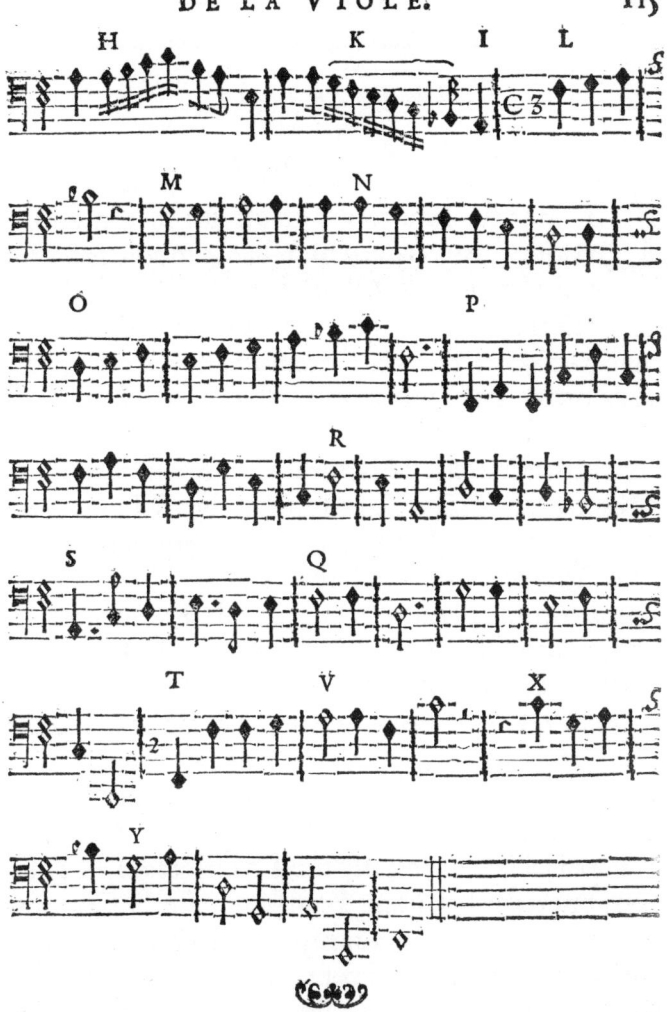

H ij

Chapitre II.

De la Transposition.

LE mot de Transposition est un terme équivoque, qui convient à la Composition des Pieces de Musique, & qui convient aussi à leur execution : mais la pratique en est differente; car Transposer dans la Composition, c'est changer l'ordre de l'Intonation assigné au Nom Naturel de chaque Note, & à faire Majeur ce qui est naturellement Mineur; comme aussi à faire Mineur ce qui naturellement est Majeur, & Transposer dans l'execution, c'est joüer un Ton, une Tierce, une Quarte, ou une Quinte plus haut, ou plus bas que ce qui est marqué sur le papier par supposition de Clefs, en faisant rencontrer l'ordre de l'Intonation juste par rapport à celuy que l'on observeroit si on ne transposoit pas, en sorte que souvent l'ordre de l'Intonation assigné au Nom de chaque Note y est renversé, & aussi quelquefois il y est remis en son Naturel; car quand on Transpose un Ton Naturel, il passe souvent dans les Tons Transposez de la Composition, & quand on Transpose un Ton Transposé de la Composition, il rentre souvent dans l'ordre de l'Intonation Naturelle, & quelquefois dans son Ton Naturel.

DE LA VIOLE.

Tous ceux qui s'attachent au Jeu de l'Accompagnement, & qui aiment le Concert, doivent sçavoir Transposer à l'ouverture du Livre sur tous les Tons Naturels & Transposez; car il n'y a rien de plus honteux à une personne qui accompagne, que d'estre obligée d'avoüer devant une Assemblée qu'elle ne sçait pas Transposer, & c'est une chose fort desagreable à une Assemblée, d'estre privée d'entendre une belle Piece de Musique; parce que la personne qui accompagne ne sçait pas Transposer : C'est pour cette raison que j'ay crû devoir donner des moyens faciles pour la Transposition, afin d'obliger tous ceux qui accompagnent à s'y attacher, & à s'y fortifier.

Pour Transposer à l'ouverture du Livre sur toutes sortes de Tons, il est necessaire de sçavoir la Musique à fond, & de plus il faut sçavoir joüer sur toutes les positions des Clefs par ♭ mol, & par ♮ carre, sur les Tons Naturels, & sur les Transposez. Il faut enfin sçavoir joüer facilement, & à l'ouverture du Livre les Parties Superieures en Basses, & les Basses en Superieures; parce qu'il ne se rencontre jamais aucune Note dans la Musique qui n'ait rapport à quelque Clef, & comme en Transposant plus haut ou plus bas, la Note a souvent & presque toûjours rapport à une Clef Superieure, je veux dire à la Clef de *C sol Vt*, & à la Clef de *G Ré Sol*, dans toutes leurs positions, il n'est point de moyen plus ^sseuré & plus facile pour Transposer, que de se les rendre familieres en Basse; car alors il ne faut que supposer la Clef à laquelle les Notes ont rapport en Transposant, & la Transposition ne fera aucune peine.

Pour faciliter la pratique de la Transposition, je donne cy-aprés des Modelles sur tous les Tons Naturels & Transposez, où l'on connoistra le rapport des Clefs en Transposant d'un degré plus haut, & d'un degré plus bas. D'une Tierce plus haut, & d'une Tierce plus bas; & enfin d'une Quarte plus haut, & d'une Quarte plus bas, & l'on pourra par ce mesme moyen Transposer sur toutes les Feintes, & trouver le rapport des Clefs qu'il faudra supposer en joüant les Parties Superieures en Basses, & les Basses en Superieures.

J'avouë que cette Transposition sur les Feintes est une chose assez difficile, & qu'elle est d'une grande application : mais il suffit qu'elle ne soit pas impossible, & qu'elle soit quelquefois necessaire, pour obliger ceux qui s'attachent à l'Accompagnement à ne pas l'ignorer, & puis qu'on compose bien des Pieces d'Harmonie sur ces Feintes, & qu'on les execute avec autant de facilité & de perfection que les Tons Naturels, comme le fait Monsieur MARAIS, à l'admi-

DE LA VIOLE.

ration de tous ceux qui l'entendent, il ne doit pas paroistre impossible de se rendre cette Transposition familiere.

De plus il ne faut pas s'estonner si je mets icy la Clef de *C Sol Vt* sur la seconde ligne d'en haut, & sur la ligne du milieu pour la Basse, puis qu'on les rencontre souvent dans les Pieces de Musique, particulierement des Italiens.

MODELLES POVR LA
Transposition d'un degré plus haut, & d'un degré plus bas.

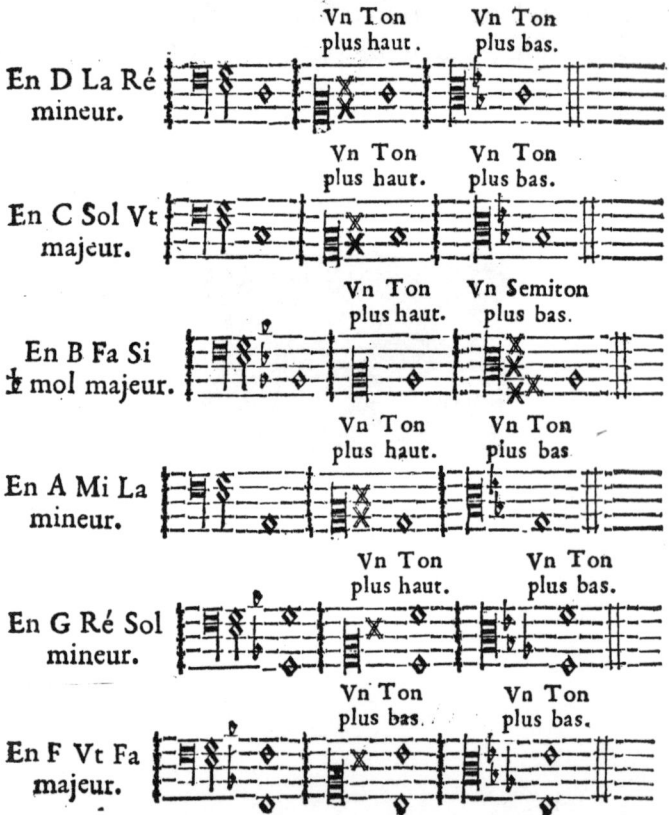

DE LA VIOLE.

TRAITÉ

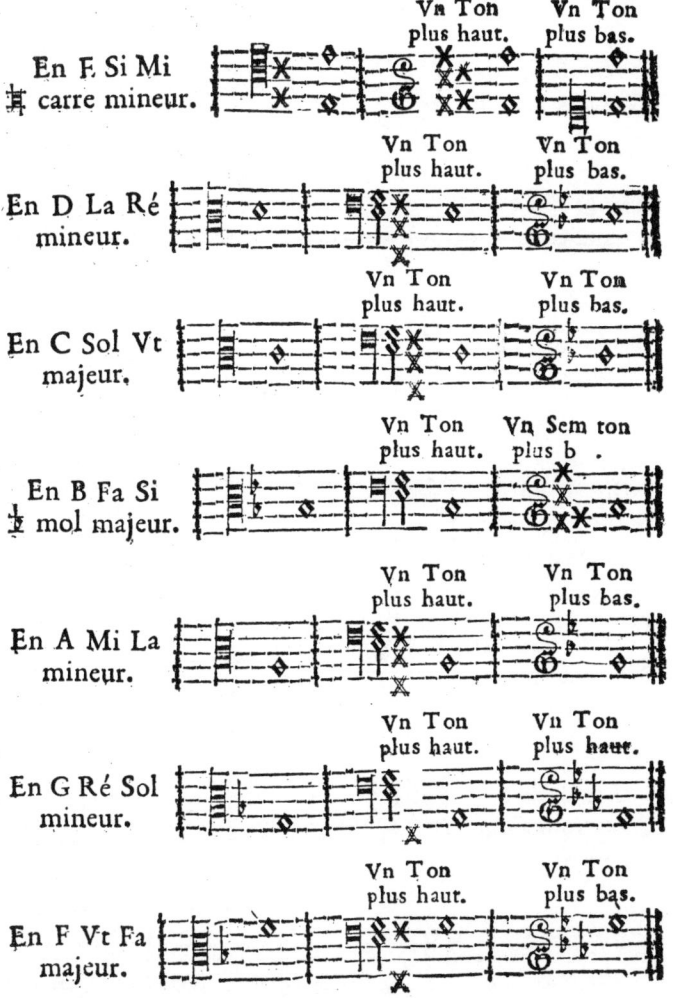

124 TRAITÉ

DE LA VIOLE. 125

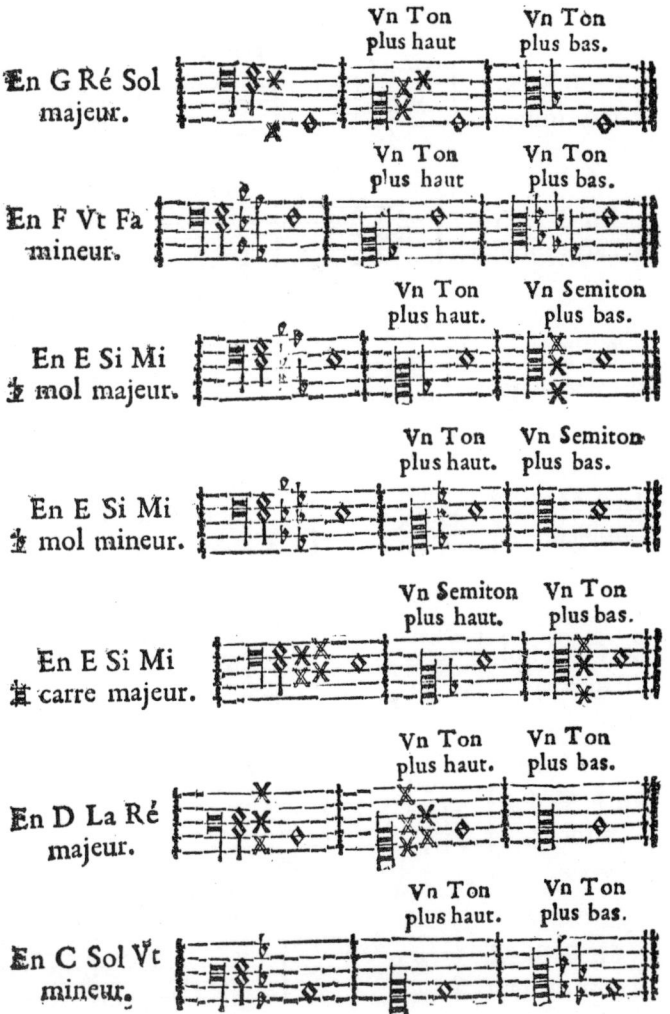

126 TRAITÉ

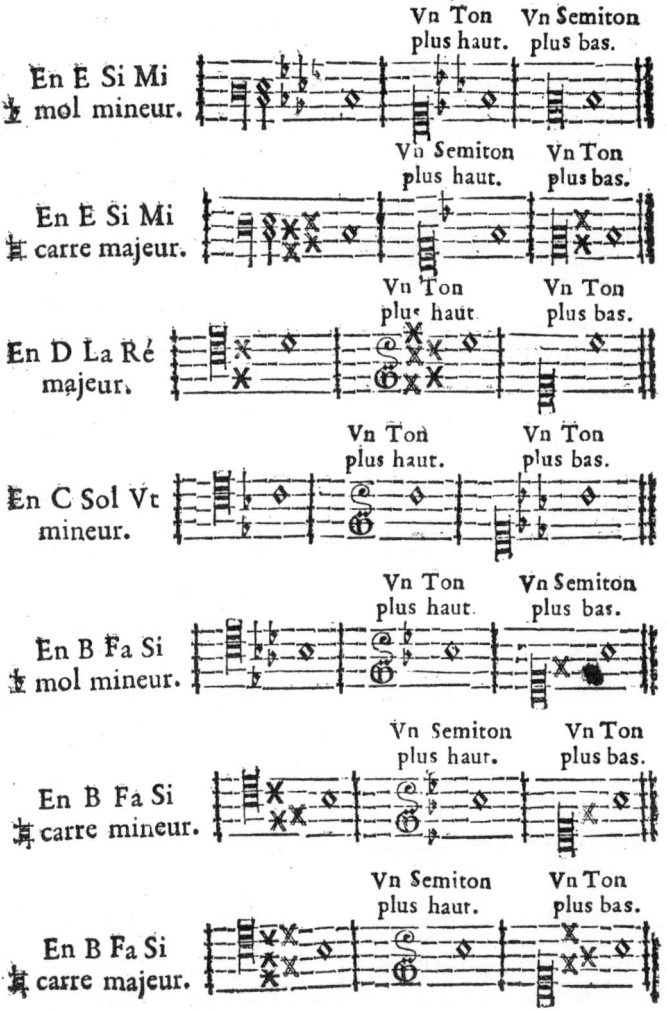

DE LA VIOLE.

TRAITÉ

En E Si Mi ♭ mol majeur. — Vn Ton plus haut. — Vn Semiton plus bas.

En E Si Mi ♭ mol mineur. — Vn Ton plus haut. — Vn Semiton plus bas.

En E Si Mi ♮ carre majeur. — Vn Semiton plus haut. — Vn Ton plus bas.

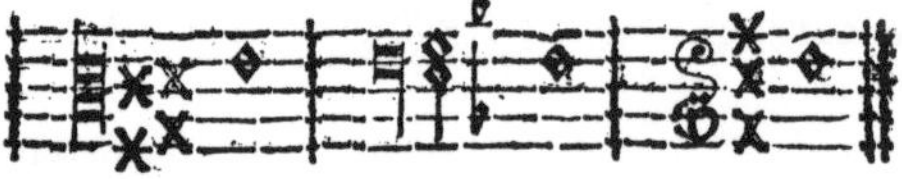

MODELLES POVR LA
Transposition d'une Tierce plus haut, & d'une Tierce plus bas.

En D La Ré mineur. — Vne Tierce mineure plus haut. — Vne Tierce majeure plus bas.

En C Sol Vt majeur. — Vne Tierce mi. plus haut. — Vne Tierce mi. plus bas.

132 TRAITÉ

DE LA VIOLE.

TRAITÉ

136 TRAITÉ

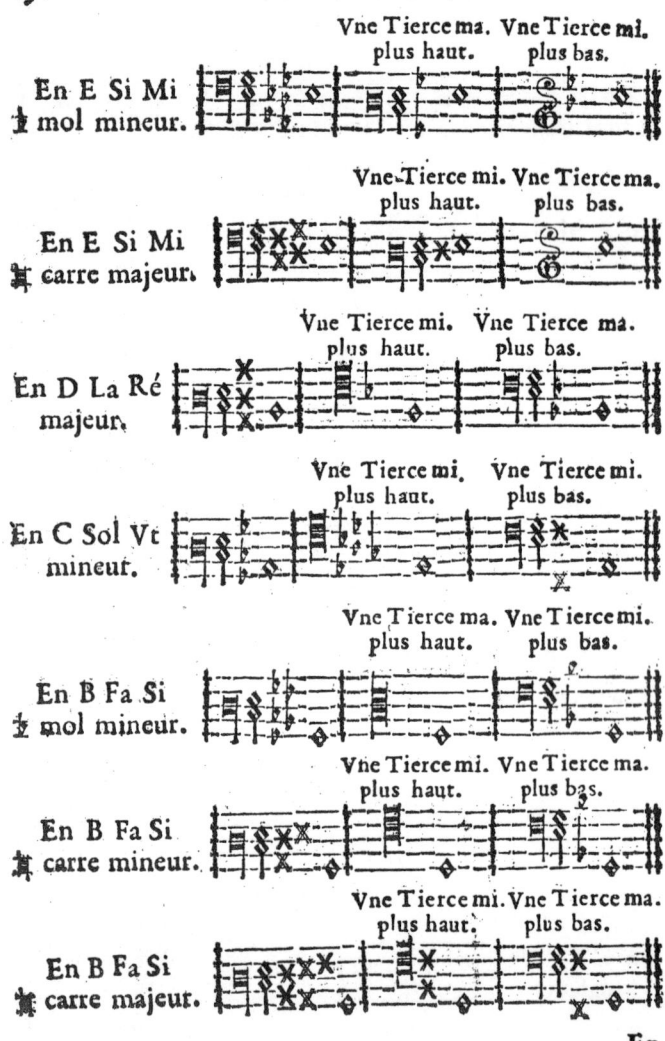

DE LA VIOLE. 137

138 TRAITÉ

MODELLES POVR LA
Transposition d'une Quarte plus haut, & d'une Quarte plus bas.

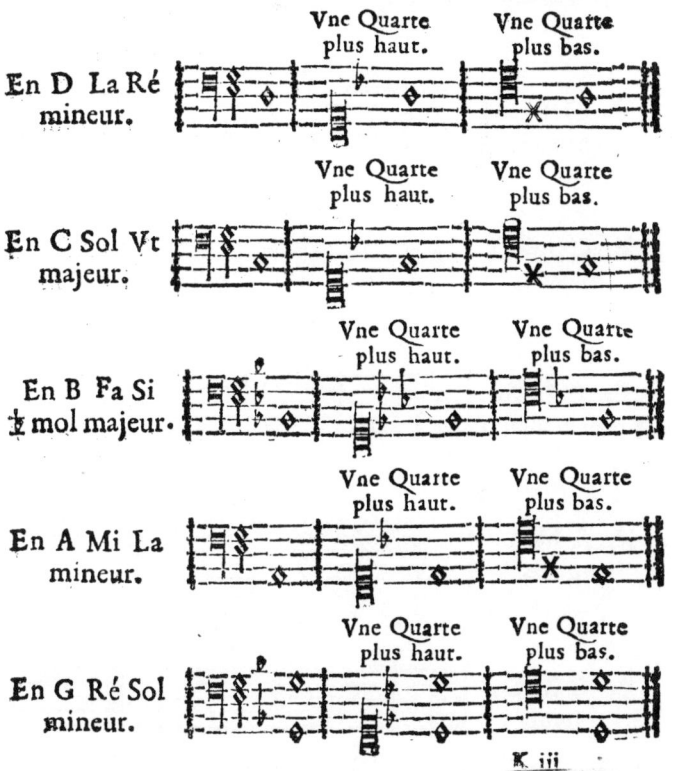

DE LA VIOLE. 143

144 TRAITÉ

DE LA VIOLE. 145

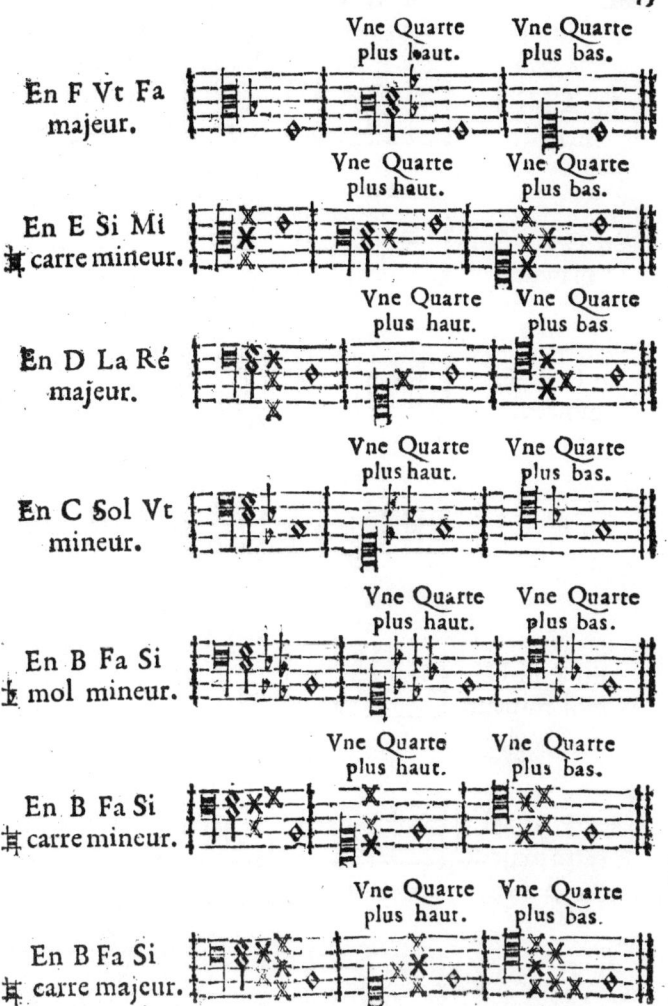

TRAITÉ

146

		Vne Quarte plus haut.	Vne Quarte plus bas.
En A Mi La majeur.			
En G Ré Sol majeur.		Vne Quarte plus haut.	Vne Quarte plus bas.
En F Vt Fa mineur.		Vne Quarte plus haut.	Vne Quarte plus bas.
En E Si Mi ♭ mol majeur.		Vne Quarte plus haut.	Vne Quarte plus bas.
En E Si Mi ♭ mol mineur.		Vne Quarte plus haut	Vne Quarte plus bas.
En E Si Mi ♮ carre majeur.		Vne Quarte plus haut.	Vne Quarte plus bas.
En D La Ré ♮ carre majeur.		Vne Quarte plus haut.	Vne Quarte plus bas.

DE LA VIOLE. 147

DE LA VIOLE. 149

En B Fa Si ♮ carre majeur.

En A Mi La majeur.

En G Ré Sol majeur.

En F Vt Fa mineur.

En E Si Mi ♭ mol majeur.

En E Si Mi ♭ mol mineur.

En E Si Mi ♮ carre majeur.

Vne Quarte plus haut.   Vne Quarte plus bas.

L iij

TRAITÉ

DE LA VIOLE. 151

FIN.